ゼロからわかる

認可系保育園をつくって成功する方法

スクルド ホールディングス株式会社
若林雅樹

本書は『ど素人でもできる！口コミで評判の保育園をつくって成功する方法』を改題の上、再編集したものです。

はじめに

未経験者でも、認可系保育園経営にチャレンジする大きなチャンス！

「臨時休園で子どもを預けることができず、保育園のありがたみを痛感しました」

これは、保護者から私が実際に聞いた言葉です。2020年は新型コロナウイルスの影響で全国に緊急事態宣言が発令され、開園が原則の認可系保育園もいくつか臨時休園となりました。それまで当たり前のようにお子さんを預けて仕事に行けた保護者にとって、預けたくても預けられない状況を初めて経験したことで、保育園がいかに日常生活を支えていたかを感じた方はとても多いのです。

さらに、国が「2020年度末までにゼロにする」と明言していた待機児童数は、

2020年4月1日時点で1万2439人おり、年々減少しているとはいえ、ゼロの達成は難しい状況です。こうした中で9月に首相が変わりました。国として「待機児童ゼロ」を実現するため、菅首相は所信表明演説で待機児童や少子化対策に力を入れることを明言しました。

このように、**今保育園は子育てをしながら働く親を支える社会的なインフラ**と言っても過言ではありません。後の章で詳しくご説明しますが、加速する少子高齢化によって労働力の減少は避けられず、国は女性の力に大きな期待を寄せています。子育て世帯の女性が安心して働くためには、保育園の整備が必要なのです。

16年に執筆した『ど素人でもできる！口コミで評判の保育園をつくって成功する方法』でも、保育園ビジネスの社会的意義の高さや国の子育て施策の後押しもあって、新規参入がしやすい状況にあることを述べました。

とはいえ、未経験者が都道府県や市町村からの補助金を得られる認可保育園をいきなり運営するハードルは高く、認可外保育園から挑戦し、時間をかけて経営実績を積む必要があったのです。

しかしその後詳しく調べたところ、待機児童の多くを占める0歳〜2歳を対象とし、定員20人未満の**「小規模認可保育所（以下、小規模保育と言います）」であれば、保育園経営実績がなくても一定の条件を満たした場合、開設できることがわかりました。**新型コロナウイルスによる保育園への意識の変化や待機児童問題解消への機運と相まって、保育園経営を考える方にとっては嬉しいニュースとなったに違いありません。

私は10年に千葉県浦安市で保育園を開園しました。現在、株式会社として全国で81園を運営していますが、そのうちの51園が認可系保育園（認可保育園20園、小規模保育31園）、病院内・企業所内保育園が27園となっています。また、これまで100を超える保育園の開園サポートをしてきました。

そういった私の経験をもとに、みなさんに保育園開園と運営のノウハウについてお伝えすることで、社会を支える保育園経営者の一人になってほしいと思っています。

みなさんの中には独立して起業したいけれど、どの業界で勝負していくべきか――、そう悩まれている方も多くいらっしゃると思います。参入業界を迷ったり、悩まれたりしている方に、私は好機である保育園経営をお勧めします。

その理由は、

①　家庭に代わって、将来を担う0歳から5歳のお子さんを育て、社会に貢献できるすばらしい事業であるということ

②　ビジネス的にみても、他に類を見ない公的資金（税金）が投入されている公共施設的位置

づけにあり、そのため安定した経営ができる事業であるということだからです。

まず1つ目の理由、「家庭に代わって、将来を担う0歳から5歳のお子さんを育てていく」ためには、**よりよい環境を提供してあげる必要があります。**

よい環境というのはどういうことをいうのでしょうか——。

それについては経営者の数だけ考え方があるでしょう。保育に関して、自分流の考え方、理念を実践したいと思っている方であれば、保育園経営はすばらしい、やりがいのある仕事であるといえるでしょう。

私はモンテッソーリ教育を中心に、リトミック、幼児英会話、幼児体育など幼児教育のいっぱいつまった保育園をコンセプトに運営をしています。私が運営に関わった認可系保育園は、入園を希望する保護者がたくさんいる状態です。

次に、2つ目の理由である、「公的資金（税金）が投入されている公共施設的位置づけにあり、そのため安定した経営ができる事業である」という点ですが、これは経営的にみて非常に大きなメリットです。

条件をクリアして、認可系保育園を受託できれば、行政から公的補助が受けられるのです。そうなれば経営は劇的に安定しますし、事業展開もやりやすくなります。もちろん、それにはクリアしなければいけない〝課題〟があります。その方法については本書の中でお話ししていきます。

保育園の種類

ここで、保育園の種類について簡単に触れておきましょう。保育園は大きく次の5種類に分けられます。

(1) 認可保育園
(2) 認可外（認証、認定）保育園
(3) 認可外（認証、認定無）保育園
(4) 企業主導型保育園
(5) 小規模保育

もともとは(3)までが主流でしたが、国は待機児童問題の速やかな解消を目指し、新規参入の障壁を取り払う方針を打ち出しました。これによって加わったのが、15年4月に導入された小規模保育と、16年に始まった企業主導型保育園です（企業主導型保育園については本書のテーマでないので、詳しい説明は割愛します）。

小規模保育は、0歳から3歳未満児を対象とし、定員が19人以下と、その名の通り、小規模な保育を行う「認可」保育園です。

保育園事業を営む多くの経営者が最終的に目指す目標や夢は「認可保育園」の経営でしょう。認可を受託できれば、園児も行政が集めてくれます。保育園設置にかかる工事費用は75%、保育料等は全額が補助されますので、経営的にも非常に安定した事業運営が約束されます。

ただ、これまで認可保育園の受託は難易度が高く、受託をあきらめた保育園経営者の方も多くいました。ですが、**小規模保育は19人以下の認可事業なので、施設面、人的面で運営がしやすく、しかも国の政策で増やしているわけですから、今までの認可保育園より参入がしやすくなりました。**

もちろん、自治体の定めた厳しい認可基準を満たす必要はあります。基準を満たしたうえで、自治体から受託できれば、保育園設置にかかる費用や毎月の保育料等には公的資金が投入されるのです。園児も自治体が集めてくれます。

小規模保育を3園くらい経営すれば、財務面でも充実し、多くの保育園経営者の夢である「認可保育園」にチャレンジするテーブルにつくこともできるのです。

保育園経営者にとって、〝希望の星〟と言われている小規模保育についての詳細は、本書の中で解説していきますので、じっくりお読みいただきたいと思います。

保育園経営は社会福祉事業といった要素が強いですから、大儲けはできないかもしれません。しかし、大儲けをしたい方はそもそも保育園経営に興味を持たないでしょう。保育園業界はまったく初めてという方でも、「自分で起業をしてみたい」「何らかの社会貢献をしたい」と考えている方には、これ以上ないすばらしい事業です。

ぜひ、トライしてみてください。そのノウハウは本書にあります。

2020年12月

若林　雅樹

※法令上は「保育所」とされていますが、本書では適宜、「保育園」を用いています。
※認可保育園と小規模認可保育園を表現する言葉として、本書では、「認可系保育園」という言葉を用いています。小規模認可保育所は、「小規模保育」としています。
※本書の情報は2020年12月上旬現在のものです。※20年12月21日、待機児童解消に向けた新制度「新子育て安心プラン」が公表されました。制度概要は、次のURLにてPDFを公開いたします（21年1月下旬公開予定）。
https://bookstore.tac-school.co.jp/err_res/resume/070/

ゼロからわかる　認可系保育園をつくって成功する方法　目次

STEP 1 知っておくべき保育園の基本知識

STEP 2 2025年までチャンスあり！ 保育園経営の現在と可能性

STEP 3 小規模保育開園前の「心がけ」と「運営ポイント」

STEP 4 運営の要、開園資金の目安と資金調達法、物件の選び方

STEP 5 まずは小規模保育からスタート ——開園準備——

STEP 6 スクルド式保育園運営法

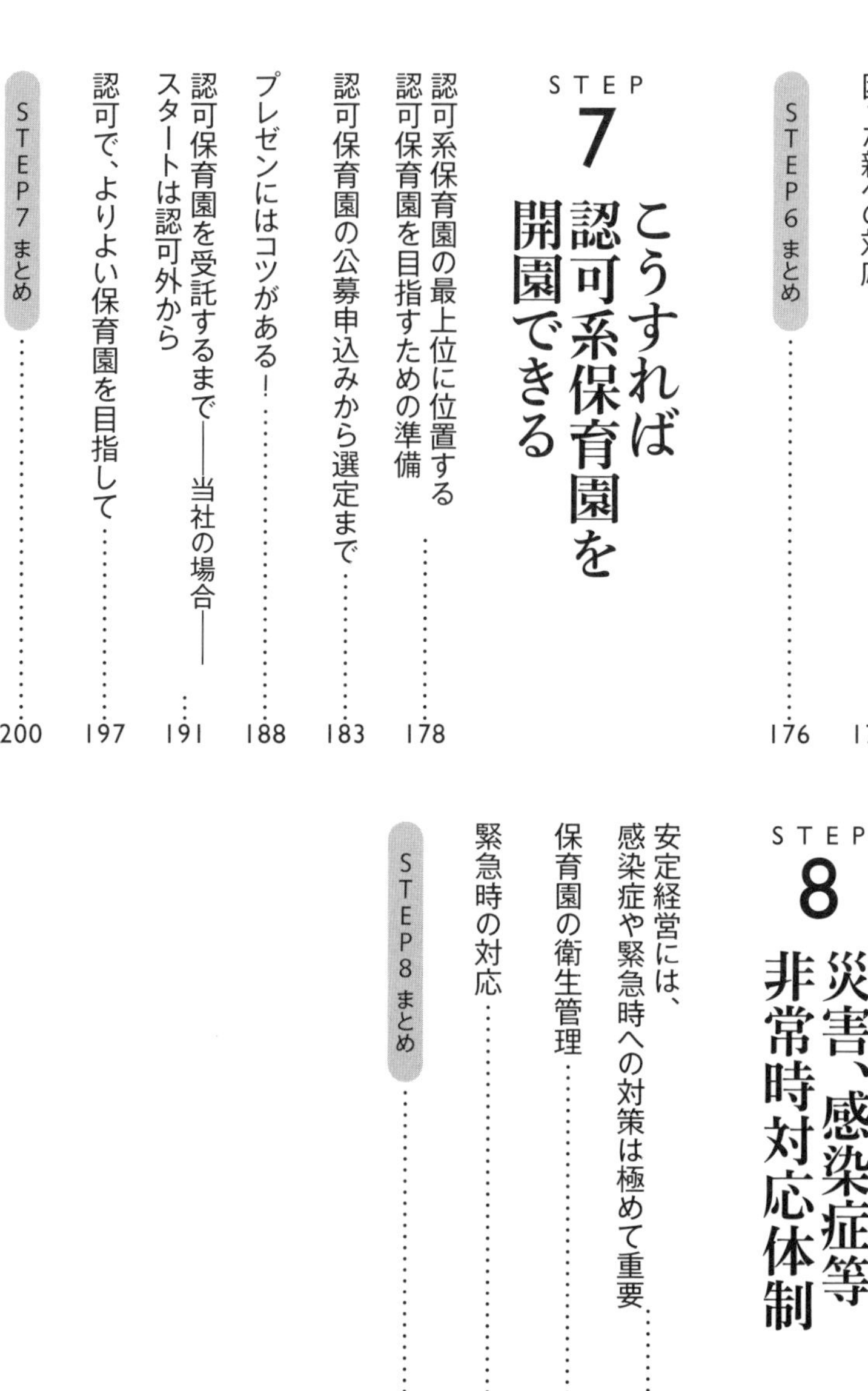

STEP 9 これからの保育園事業の展望について

STEP 10 認可系保育園オーナー体験談

編集協力　薗部雄一

STEP

I

知っておくべき保育園の基本知識

保育に欠ける要件

保育に欠けるとは？

小規模保育について説明する前に、まずは保育園の定義について説明しておきます。

保育園は、**保護者が働いているなどの何らかの理由によって自宅での保育が難しい、つまり「保育に欠ける」児童を入所させ、保育することを目的とする通所施設**です。

ここで言う「保育に欠ける」要件とは、大きく分けると、次のようになります。

＊保護者の居宅外就労（フルタイム労働、パート労働、農林漁業など）

＊保護者の居宅内労働（自営、内職など）

＊産前産後

＊保護者の疾病または心身障害
＊親族の介護
＊災害の復旧への従事
＊通学
＊求職中
＊虐待や配偶者等からのＤＶ（家庭内暴力）のおそれがあること
＊その他、これらに類する状態として自治体が認める場合

などです。

各自治体では保育に欠ける要件を点数化、ランク分けして、入所の選考基準にしています。一例として、次ページに横浜市の入所選考基準（利用調整の優先順位）を掲載しておきますので、参考にしてください。

2021年度、横浜市の保育所入所選考基準（利用調整の優先順位）

Ⅱ　利用調整の優先順位

申請児童について、次の「利用調整基準」「その他の世帯状況」により、ランクを判定し、利用調整の優先順位を定めます。

「利用調整基準」

（基準の考え方）
※　ランクは、ＡＢＣＤＥＦＧＨＩの順に利用調整の順位が高いものとします。
※　父、母でランクが異なる場合は、順位の低いランクを適用します。
※　障害児・児童福祉の観点から保育が必要な児童については、この利用調整基準を基に別途に利用調整します。
※　利用調整に当たっては、保育が必要な理由別の下記の「ランク表」に基づきＡ～Ｉの順に区分し「その他の世帯状況」とともに総合的に保育が必要な程度を判断し、利用調整の順位を判断します。
※１　「11　その他」のランクは当該児童・世帯の状況に応じて別途判断します。

父・母が保育できない理由、状況		ランク
1　（1）居宅外労働 （外勤・居宅外自営）	月20日以上かつ就労時間1週40時間以上の労働に従事している。	A
	月20日以上かつ就労時間1週35時間以上40時間未満の労働に従事している。	B
	月16日以上かつ就労時間1週24時間以上の労働に従事している。	C
	月16日以上かつ就労時間1週16時間以上24時間未満の労働に従事している。	D
	月16日以上かつ就労時間1週28時間以上の労働に内定している。	E
	就労時間月64時間以上の労働に従事又は内定している。	F
1　（2）居宅内労働 （内勤・居宅内自営）	月20日以上かつ就労時間1週40時間以上の労働に従事している。	B
	月20日以上かつ就労時間1週35時間以上40時間未満の労働に従事している。	C
	月16日以上かつ就労時間1週24時間以上の労働に従事している。	D
	月16日以上かつ就労時間1週16時間以上24時間未満の労働に従事している。	E
	月16日以上かつ就労時間1週28時間以上の労働に内定している。	F
	就労時間月64時間以上の労働に従事又は内定している。	G
2　産前産後	出産又は出産予定日の前後各8週間の期間にあって、出産の準備又は休養を要する。（多胎妊娠の場合は、出産又は出産予定日の前14週間、後8週間の期間とする。）	G
3　（1）病気・けが	入院又は入院に相当する治療や安静を要する自宅療養で常に病臥している場合。	A
	通院加療を行い、常に安静を要するなど、保育が常時必要な場合。	C
	通院加療を行い、保育が必要な場合。	E
3　（2）障害	身体障害者手帳１～２級、精神障害者保健福祉手帳１～２級、愛の手帳（療育手帳）の交付を受けていて、保育が常時必要な場合。	A
	身体障害者手帳３級又は精神障害者保健福祉手帳３級の交付を受けていて、保育が必要な場合。	B
	身体障害者手帳４級の交付を受けていて、保育が必要な場合。	E
4　親族の介護	臥床者・重症心身障害児（者）、又はそれと同程度の障害等があると認められる者の介護や入院・通院・通所の付き添いのため、月20日以上かつ1週40時間以上保育が必要な場合。	A
	重度障害児（者）、又はそれと同程度の障害等があると認められる者の介護や入院・通院・通所の付き添いのため、月20日以上かつ1週40時間以上保育が必要な場合。	B
	病人や障害児（者）の介護や入院・通院・通所の付き添いのため、月16日以上かつ1週28時間以上保育が必要な場合。	C
	病人や障害児（者）の介護や入院・通院・通所の付き添いのため、月64時間以上保育が必要な場合。	F
5　災害の復旧への従事	震災、風水害、火災その他の災害の復旧に当たっている。	A
6　通学	就職に必要な技能習得のために月64時間以上職業訓練校、専門学校、大学などに通っている。	E
7　求職中	求職中。	H
8　ひとり親世帯等	ひとり親世帯等において、就労、求職活動、職業訓練等を行うことにより、自立促進が図られると福祉保健センター長が判断した場合。	A
9　保育士	世帯において「保育士資格を保有する保護者が、市内の認可保育所、認定こども園、横浜保育室、認可乳児保育所、小規模保育事業、家庭的保育事業、事業所内保育事業で、月20日以上かつ週35時間以上保育業務に従事する又は内定している（派遣職員は除く）」場合（市外在住は除く）。	A
10　市外在住	横浜市外に在住している場合（転入予定者は除く）。	I
11　その他	児童福祉の観点から、福祉保健センター長が特に保育の必要性の緊急度が高いと判断した場合。	※1

出典：横浜市「横浜市保育所等利用案内」

「その他の世帯状況」

1　ランクの引上げに用いる指標 ※「利用調整基準」におけるランクが「8　ひとり親世帯等」「9　保育士」「10　市外在住」の場合は、適用しません。 ※ 元のランクがAランクの場合であっても適用します。
（1）ひとり親世帯等 （2）生活保護世帯（就労、求職活動、職業訓練等を行うことにより、自立の促進が図られると福祉保健センター長が判断した場合に限る） （3）生計中心者の失業 （4）横浜保育室、認可乳児保育所、小規模保育事業、家庭的保育事業等の卒園児 （5）きょうだいの育児休業のため、横浜保育室、認可乳児保育所、小規模保育事業、家庭的保育事業等を卒園前に利用を止め、復職時に申請をする場合 （6）きょうだいの育児休業のため、認可保育所又は認定こども園を退所し、復職時に認可保育所又は認定こども園に再度利用の申請をする場合（2つ引上げ） （7）既にきょうだいが施設・事業を利用している場合で、そのきょうだいが利用している同一の施設・事業の利用を申請する場合(きょうだいのどちらかの施設・事業に転園を申請する場合を含む。) （8）認定こども園を利用している児童が1号から2号に認定区分を変更し、引き続き当該施設の利用を希望する場合 （9）保育士資格を保有する保護者が市内の認可保育所、認定こども園、横浜保育室、認可乳児保育所、小規模保育事業、家庭的保育事業、事業所内保育事業で保育業務に従事又は内定している場合（派遣職員は除く）

出典：横浜市「横浜市保育所等利用案内」

保育園には大きく分けて「認可」と「認可外」の2種類ある

次に保育園の種類についてです。保育園は大きく分けると、次の2つになります。

＊**認可保育園**
＊**認可外保育園**

認可保育園とは？

認可保育園とは、児童福祉法35条に基づき、**都道府県知事、または指定都市及び中核市の市長が設置を認可した施設**のことです。設置基準には、施設の面積、保育士などの人数、給食設備、防災管理、衛生管理などの条件があります。

認可は**公立**、**私立**と分かれていて、**私立は社会福祉法人、宗教法人、民間事業会社**（株式会

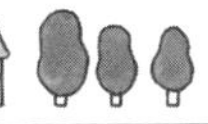

社）などが運営しています。保育料は公立、私立とも各自治体で決まった金額となり、保護者の世帯の住民税の所得割額によって決定されます。

私は、現在、株式会社として全国で81園を運営していますが、そのうちの51園が認可系保育園（認可保育園20園、小規模保育31園）、病院内・企業所内保育園が27園となっています。

認可保育園の場合は、

＊保育園開設に必要となる建設工事費（建築工事費や内装工事費）の4分の3が行政から補助金として交付される（補助金の割合などは法人形態や各自治体によって異なる場合があります）
＊毎月の保育料等についても補助金が交付される
＊園児募集は行政が行うなどのメリットがあるので、認可されると経営基盤は飛躍的に安定する

ちなみに、認可保育園を運営する場合、運営母体が株式会社であっても、社会福祉法人に適用される会計基準で経理処理をしなければならず、このため、園ごとにP／L（損益計算書）だけではなくB／S（貸借対照表）まで作成する必要があります。さらに、1園に1つ専用の金融機関の口座を開設し、独立した会計処理をしなければなりません。

また、これ以外にも行政に提出しなければいけない書類がたくさんあり、かなり煩雑な事務作業を要求されます。

さらに最低でも年に1回は監査が入るので、問題が発覚した場合は、通常の監査以外にも調査が入ることもあります。

しかし、それらを勘案しても認可に到達できれば、経営が飛躍的に安定しますし、園児が途切れることもありません。

認可外保育園とは？

認可外保育園は、児童福祉法に基づく、**都道府県知事、または指定都市及び中核市の市長の認可を受けていないものの総称**です。

認可外は、もともと認可では対応することが困難な、利用者の多様なニーズに対応し、その受け皿となっていました。入所に際しては各園に直接申し込み、保育料も各園で設定し、徴収しています。

この認可外には、自治体の単独事業として補助金が投入される東京都認証、横浜保育室（認定）なども含まれています。また２０１６年からは従業員向けに企業が開設する保育園として、内閣府の管轄で「企業主導型保育園」が始まりました。
つまり、認可外は、

＊認可外（認証、認定）**保育園**
＊認可外（認証、認定無）**保育園**
＊企業主導型保育園

の3種類に分かれているのです。

「認可外（認証、認定）保育園」は各自治体が独自に設けている基準を満たす必要があり、認証、認定が「認可」されれば、助成を受けることができます。これらはいわゆる、「準認可」的な保育園と言えるでしょう。

このような認証、認定の制度は、やはり指定都市・中核市に多く、首都圏では東京都、川崎市、横浜市、船橋市などで実施されています。ただし、この制度も公的資金によって賄われるため、認証、認定を受けるためには、自治体により程度の差はあれ、短くて半年から1年の保育園運営の実績を積む必要があります。

自治体によっては、実質的に3年間以上の運営実績がなければ、審査に合格できないケー

図1-1 保育所の設置・運営基準比較（認可、東京都認証、認可外）

		認可	東京都		認可外
			認証保育所A型（駅前設置型）	認証保育所B型（小規模型）	
設置者		市区町村、社会福祉法人、民間事業者等	民間事業者等	民間事業者等	社会福祉法人、民間事業者等
対象児童		0歳～小学校就学前	0歳～小学校就学前	0～2歳	0歳～小学校就学前
申込方法入所決定		利用者が市区町村へ申し込み、市区町村が入所決定	利用者が認証保育所へ申し込み、直接契約		利用者が直接申し込み、園が入所決定
規模		20人以上	20～120人	6～29人	園によりさまざま
開所時間		標準11時間	基本13時間	同左	7時～21時など園によりさまざま
施設面積基準	乳児室（0、1歳児）	1.65㎡以上/1人	3.3㎡以上/1人	2.5㎡以上/1人	1.65㎡以上/1人
	ほふく室（0、1歳児）	3.3㎡以上/1人			
	保育室・遊戯室（2歳以上児）	1.98㎡以上/1人	1.98㎡以上/1人	1.98㎡以上/1人	
	屋外遊戯場（2歳以上児）	3.3㎡以上/1人	3.3㎡以上/1人	基準なし	
職員基準	配置基準（児童数：職員数）	0歳児3:1 1歳児6:1 2歳児6:1 3歳児20:1 4歳以上児30:1	0歳児3:1 1歳児6:1 2歳児6:1 3歳児20:1 4歳以上児30:1	0歳児3:1 1歳児6:1 2歳児6:1	0歳児3:1 1歳児6:1 2歳児6:1 3歳児20:1 4 歳以上児30:1
	保育従事者	すべて保育士（または看護師）	保育士（または看護師）は6割で可	保育士（または看護師）は6割で可	保育士（または看護師）は1/3以上

出典：内閣府

スもあります。たとえば、川崎市では認定保育園の設置者の要件の1つに「財務内容が適正であること。原則、過去3年連続して赤字計上していないこと」とあります。

認可外は届出義務がある

もともと認可外（認証、認定無）保育園は、**1日に6人以上の乳幼児を預かる施設に、自治体への届出義務**がありました。つまり、1日5人を預かる施設や1人か2人を預かるベビーシッターなどは届出の必要はなかったのです。

ところが、16年4月からは、1日に保育する乳幼児が1人以上の場合は、都道府県知事（指定都市・中核市の場合は指定都市・中核市長）への届出が義務化されることになりました。

これは、14年3月に、ベビーシッターに預けた2歳の男の子が、そのベビーシッター宅で死亡するという事件を受けてのことです。

最近では、民間のベビーシッターマッチングアプリ提供企業に登録していた男性ベビーシッターが、保育先で強制わいせつ容疑で逮捕される事件が発生しました。保育者の性犯罪歴をどう確認し、保育の質を保つのか。これから何らかの基準が設けられる可能性はあるかもしれません。

01年にも大きな法改正がありました。当時、乳幼児の重大事故が認可外で多発したこともあり、所管の厚生労働省は、01年に「認可外保育施設に対する指導監督の実施について」という通達を出し、指導監督の指針や監督基準の強化を図りました。そして、02年10月に施行された改正児童福祉法により、認可外保育施設を設置した場合は、事業開始の日から1カ月以内に行政に対する届出が義務づけられました。

認可外保育園で事故が起こると、認可外に対して一時的にしろ、世間に悪いイメージが持たれてしまいます。しかし、それはごく一部の園のことで、多くの認可外では、立入調査も行われ、児童福祉法や認可外保育施設指導監督基準に則った健全な保育園を営んでいます。また、近年は、認可外といっても英語教育や体操など独自のプログラムを行っている園もあり、保護者の中には、費用が多少高くても希望して認可外に入園させる方もいるようです。認可外から始めるにしても、その園のイメージを作るのは、経営者しだいではないかと思います。

保育園と幼稚園の違い

ここで、幼稚園と保育園の違いについて説明しておきます。

まず、幼稚園は文部科学省の所管で保育園は厚生労働省の所管なので、根拠となる法令もそれぞれ「学校教育法」「児童福祉法」となっており、預かり時間、預かれる年齢などが違っています。

幼稚園では3歳未満の児童は預かりの対象外ですが、保育園は0歳から小学校就学前まで預かります。現在、問題になっている待機児童も約9割が0歳から2歳児です。3歳になれば幼稚園に入るという選択肢が増えるわけですから、待機児童に3歳未満の乳幼児が多いというのは当然のことと言えます。

お子さんが保育施設を利用する場合、お住まいの自治体から「保育の必要性の認定」を受ける必要があります。親の就労状態やお子さんの年齢によって、1号〜3号に分類されています。

＊1号認定：保育の必要性なし。3歳児以降の幼稚園、認定こども園の利用

＊2号認定：保育の必要性あり。3歳児〜5歳児の保育園、認定こども園の利用

＊3号認定：保育の必要性あり。0歳児〜2歳児の保育園、認定こども園、小規模保育などの利用

図1-2 幼稚園と保育園の違い

	幼稚園	保育園（認可）
対象年齢	満3歳から小学校就学前まで	0歳～小学校就学前まで
所管	文部科学省	厚生労働省
根拠法令	学校教育法	児童福祉法
目的	幼児を保育し、適当な環境を与えて、その心身の発達を助長すること	日日保護者の委託を受けて、保育に欠ける児童の保育を行うこと
標準的な保育時間	4時間	標準8時間 最大11時間
1年間の保育日数	39週以上	規定なし
先生の配置基準	1学級35人以下	保育士1人につき 0歳児クラス3人 1・2歳児クラス6人 3歳児クラス20人 4・5歳児クラス30人
設置認可	（公立幼稚園）都道府県教育委員会への届出 （私立幼稚園）都道府県知事	都道府県知事 （指定都市・中核市市長） の認可
給食	任意	義務
先生の資格	幼稚園教諭	保育士

幼稚園と保育園は
根拠となる法律、
目的が違うんです！

待機児童解消の切り札、小規模保育

２０１５年４月に国の**認可事業**として新たに加わったのが、**「小規模認可保育所」**（**小規模保育**）です。この事業は、15年４月の「子ども・子育て支援新制度」施行で、本格スタートしました。小規模保育の位置づけは認証、認定保育園ではなく、市区町村による「認可事業」となります。

小規模保育で「認可」への道のりが開けた！

小規模保育の制度により、認可外保育園の運営後に、夢の認可保育園を経営できる可能性が大きく開けたことは前著でもご説明しました。小規模保育事業ができたことで新規参入のハードルが格段に下がり、長期にわたる保育園運営実績や多額の運転資金が不要になったからです。

これまで、初めて保育園経営をしようとする人は以下のようなステップを踏むことが必要でした。

ステップ1　認可外保育園で1年ほど実績を積む

⇩

ステップ2　認証、認定保育園の運営をする

⇩

ステップ3　認可保育園にチャレンジ

このやり方では時間がかかりますし、認証、認定保育園以外の認可外保育園には保育料等の補助もありません。園児の募集も経営者自身が行わなければならないことから、認可に比べて経営に不安があります。

しかし後ほど詳しくお伝えしますが、私たちの調査の結果、認可外保育園の運営実績がなくても、いきなり小規模保育の運営ができる可能性があることがわかりました。つまり、

ステップ1　小規模保育で実績を積む

⇩

ステップ2　**認可保育園にチャレンジ**

という2ステップに簡略化されます。

小規模保育の所管は市区町村ですから、役所に対してどのような点を重視したプロポーザル（企画・提案）を行えばよいか、それを知らずに、小規模認可を獲得することは、なかなかできません。そのノウハウについては、ある程度の費用はかかりますが、弊社をはじめ、小規模認可申請に対応したコンサルティング会社にアドバイスをもらうという手もあります。

後の章で詳しくお話しますが、**保育園運営はチーム戦です。専門知識を持ち、信頼できる味方がいるかどうかが、保育園ビジネスの成否を決める**と言っても過言ではありません。

ただ、「認可保育園」は「小規模保育」とは違います。「認可保育園」申請のハードルはもっと高いものなのです。経営状態で言えば、自治体によって違いはありますが、「過去3年間の決算でいずれの年も黒字を計上していること」などの条件がおおよそ付されます。

また、「一定以上の資産の有無」が問われるケースがほとんどで、難易度は上がります。

最短でクリアするために

小規模保育で実績を積み、認可保育園申請の要件をクリアしたら、いよいよ申請です。ただし、最短で認可保育園を受託するには、専門性の高い相応のノウハウが必要となります。

コンサルティング会社に依頼するか、自身の知り合いで認可保育園を経営されている人がいれば、そういう人に認可を得る〝コツ〟をアドバイスしてもらうのがいいでしょう。

とにかく、**ノウハウ、コツを知っている人に聞くのが認可を最短で得るための近道**です。

細かいノウハウは本書の中でもお話ししていきますが、1つだけ重要な点について言っておきますと、**小規模保育の申請に備えて法人格に変更することが必要です。または最初から法人格としてスタート**してください。事業として信頼を得る、つまり認可も受託しやすくなるからです。

小規模保育とは何か

小規模保育制度が始まったことによって、保育園事業へ参入しやすくなったのは間違いありません。では、ここで、小規模保育制度について詳しく見ていきます。

小規模保育とは、わかりやすく言いますと、**待機児童の約9割を占める0～3歳未満児を対象とした、定員が6人以上19人以下の少人数で行う、市区町村に認可された保育事業**のことです。認可基準は、国が定める基準を踏まえて、市区町村が条例で制定します。

小規模保育をどのエリアで始めるかを決定する際は、まずは、待機児童解消加速化プラン、子育て安

図1-3 待機児童解消加速化プランの期間における保育の受け皿拡大量(実績)

	2013年度(平成25年度)	2014年度(平成26年度)	2015年度(平成27年度)	2016年度(平成28年度)	2017年度(平成29年度)	5か年合計	子育て安心プラン公表時(平成29年6月)の見込みとの差
市町村拡大量	72,430人	147,233人	94,585人	93,055人	68,423人	475,726人	▲8,069人
企業主導型保育拡大量	–	–	–	20,284人	39,419人	59,703人	9,703人
	(計219,663人)		(計256,063人+59,703人)			535,429人	1,634人

○待機児童解消加速化プランによる2013年度(平成25年度)から2017年度(平成29年度)末までの5年間の保育の受け皿拡大量は、約53.5万人となり、政府目標の50万人の保育の受け皿拡大を達成。

出典：厚生労働省

心プランに参加している自治体はどこかを確認してください。

待機児童解消加速化プランとは

ここで、国が進めてきた保育施策を見ていきましょう。「待機児童解消加速化プラン」について少し説明しておきます。待機児童解消加速化プランとは、保育ニーズのピークが予測された2017年度までに、約40万人分の保育の受け皿を確保することを目的とした国のプランのこと。待機児童の解消に意欲のある地方自治体に対して、国が強力に支援する、というものです。

プランは、13年度から14年度までの「緊急集中取組期間」と15年度から17年度までの「取組加速期間」の2つの期間に分かれていました。

緊急集中取組期間は、緊急プロジェクトとして国は加速化プランに取り組む自治体に、以下の5つの支援パッケージを設定しました。

① 賃貸方式や国有地も活用した保育所整備（「ハコ」）

② 保育を支える保育士の確保（「ヒト」）

③ **小規模保育事業など新制度の先取り**
④ **認可を目指す認可外保育施設への支援**
⑤ **事業所内保育施設への支援**

この支援パッケージの③によって、14年度は都市部で小規模保育事業が活発化しました。そして、15年の「子ども・子育て支援新制度」施行で、小規模保育が、自治体から補助金が受けられることになったことなどから、認可外からの移行や、新園オープンが増えたのです。

子育て安心プランとは

待機児童解消加速化プラン終了後、国は「ニッポン一億総活躍プラン」の一環として、「子育て安心プラン」を策定しました。「2018～2020年度までの3年で待機児童解消を図り、将来的な女性の就業率8割に対応するため、2020年度末までに約32万人分の保育の受け皿を確保する」ことを目的としています。お子さんを保育園に預けやすくなれば、就労できる人は増えていくはずです。保育の受け皿確保の点でも、小規模保育が果たす役割は大きいのです。

子育て安心プランに取り組む自治体に対して国は、以下の6つの支援パッケージを提供しています。

①保育の受け皿の拡大
②保育の受け皿拡大を支える「保育人材確保」
③保護者への「寄り添う支援」の普及促進
④保育の受け皿拡大の車の両輪の「保育の質の確保」
⑤持続可能な保育制度の確立
⑥保育と連携した「働き方改革」

子育て安心プランは20年度末までの計画ですが、20年4月1日時点で全国の待機児童数は1万2439人と、目標のゼロからはほど遠い状況です。19年度までに約20万人の保育の受け皿を増設したものの、それに伴って保育を利用する児童数も増えているためです。

同プランが終了する20年度末以降には、待機児童ゼロや女性の就業率上昇という目標を達成するための新たな施策が打ち出されるはずです。保育園ビジネスを始めたい方は注視しておきましょう。

小規模保育の分類

小規模保育はあくまで認可園なので、開園、運営にあたり、職員の配置や設備の基準が求められますが、改修費や保育料等の公的補助が受けられる、入所申込みなど園児集めも自治体が行ってくれるなど経営者にとっていくつかのメリットがあります。また、小規模保育の保育料は認可と同等の水準ですから、保護者の負担も少なくてすみます。

小規模保育はA型、B型、C型の3つに分類されます。**A型は保育園分園に近い類型で、C型は家庭的保育に近い類型、B型はその中間的な類型**です。

保育従事者の人員配置基準は、A型は全員が保

図1-4 子育て安心プラン

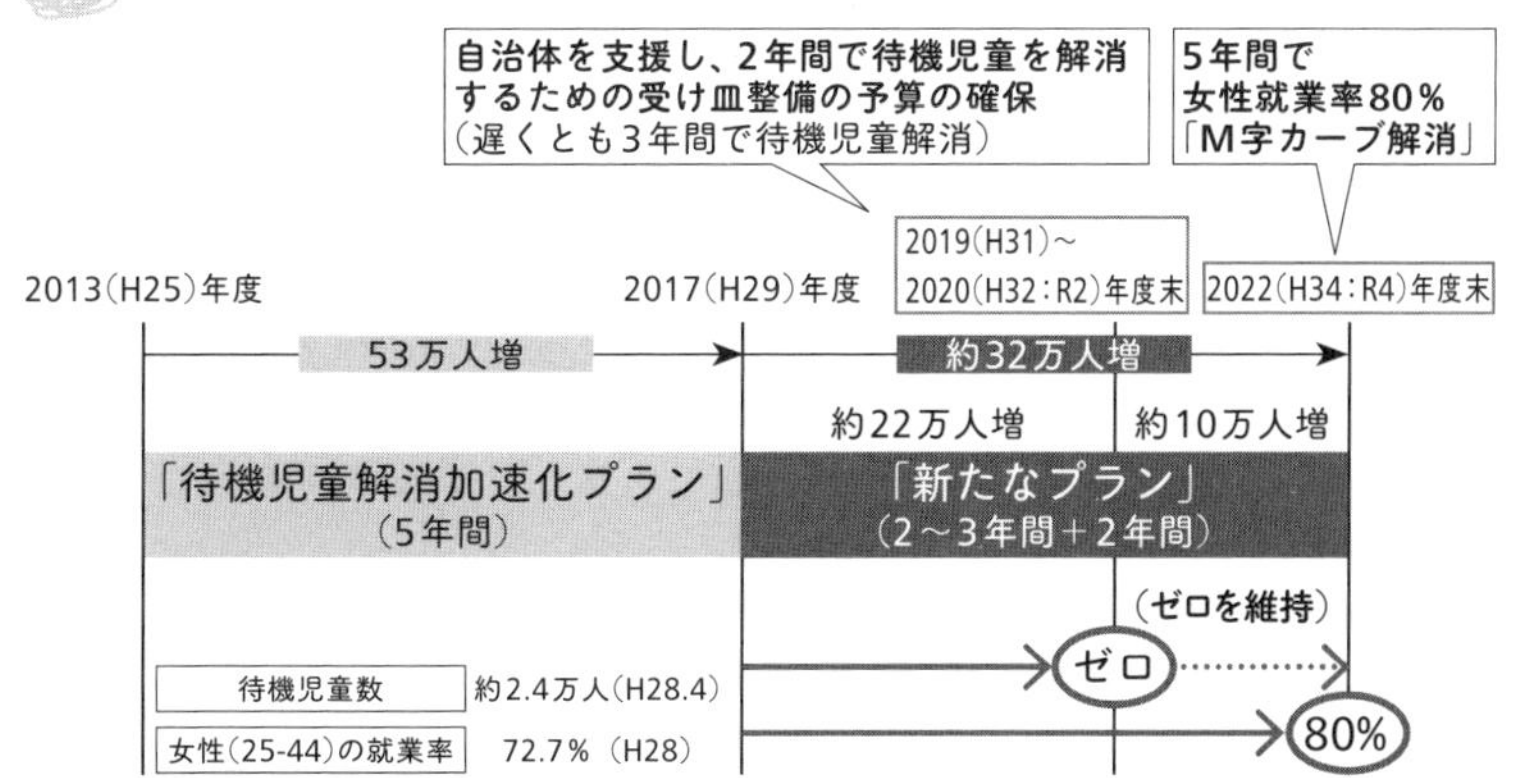

出典：厚生労働省

※上記の図にある基本指針は制定当初のものです。新しい政策パッケージ（平成29年12月8日閣議決定）において、子育て安心プランを前倒しし、令和2年度末（2020年度末）までに約32万人の受け皿を整備することとされました。

育士、B型は2分の1以上が保育士、C型は家庭的保育者（必要とされる研修を修了し、保育士と同等以上の知識及び経験を有すると市町村長が認める者）となっています。給食についても自園調理が求められるなどの基準があります。

小規模保育の課題

小規模保育にも、課題があります。先ほどもご説明しましたが、小規模保育は、待機児童の割合が多い0歳児～2歳児までを預かる目的で作られたため、3歳児以上のお子さんを預かることができません。

そうなると保護者は、再度保活をして預け先を探さなければならず、もし預け先が見つからなかった場合には就労の継続に支障をきたしかねませ

図1-5 国が定める小規模保育事業の認可基準

	A型	B型	C型
職員数	認可保育所の配置基準+1名	認可保育所の配置基準+1名	0～2歳児　3：1 ※補助者を置く場合は5：2
資格	保育士 ※保健師または看護師の特例あり	1/2以上保育士 ※保健師または看護師の特例あり。保育士以外は研修実施	家庭的保育者 ※市町村長が行う研修を修了し、保育士と同等以上の知識及び経験を有すると市町村長が認める者
施設面積基準	【0歳・1歳児】 1人当たり3.3㎡以上 【2歳児】 1人当たり1.98㎡以上	【0歳・1歳児】 1人当たり3.3㎡以上 【2歳児】 1人当たり1.98㎡以上	【0歳～2歳児】 いずれも1人当たり 3.3㎡以上
給食	自園調理 ※連携施設等からの搬入可	自園調理 ※連携施設等からの搬入可	自園調理 ※連携施設等からの搬入可

出典：内閣府「子ども・子育て支援新制度」について

ん。こうした事態を防ぐために、小規模保育を開設する時には地域の保育園や幼稚園を「連携施設」として設定し、卒園後にはその施設に入れることにしています。

しかし、実際に連携施設を設定できるケースばかりではありません。そこで国は、連携施設を設定しなくてもよい期間を設けていたのですが、20年4月1日より「小規模保育事業等で保育を受ける子どもたちについて、市町村長が、卒園後に保育所などを優先的に利用できるようにするなどの措置を講じている場合は、受皿連携施設の確保は不要」とされることになりました。

たとえば、小規模保育に通っていた3歳児の保護者が自治体に入所申し込みをした場合、自治体がその児童を他の保育施設に入りやすくする措置を取れれば、連携施設を設定しなくてもいい、ということです。

STEP 1 まとめ

開園を目指す前に知っておくべき基本

1 保育園には「認可」と「認可外」がある
2 保育園と幼稚園はまったく違うものである
3 小規模保育の運営こそが、成功への第一歩

それぞれの
違いを整理
するところ
から始め
ましょう

Column 1

新型コロナウイルスで高まる保育園事業の社会的意義

毎日当たり前のように預けられたのに…

2020年の大きな出来事と言えば、新型コロナウイルスではないでしょうか。未曾有の感染症の拡大を防ぐため、政府は同年4月7日に東京都や大阪府、福岡県など7都府県に緊急事態宣言を発令。その後16日に、対象を全国に拡大しました。

新型コロナウイルスは、私たちの生活を大きく変えました。たとえば働き方については、人との接触を避けるためテレワークを導入し、従業員が自宅で働ける環境を整える企業も見られました。これにより、「仕事＝通勤が必要でオフィスにて行うもの」との概念が変わるきっかけとなりました。

社会生活においては、密閉、密集、密接の「三密」を避けたり、「新しい生活様式」（ニューノーマル）が推進され、緊急事態宣言の発令前まで当たり前だったことが、当たり前ではなくなったわけです。

人々の生活への意識変化は、保育園や保育士に対しても起こっています。STEP8で申し上げる通り、小規模保育や認可保育園は、たとえ台風が上陸するような悪天候でも原則として開園しなければなりません。

実際、緊急事態宣言の発令に先立って3月下旬からは、全国の公立小中高で臨時休校の措置がとられました。こうした状況においても、保育園は働く親を支え、経済活動の維持に必要なことから、政府は保育園の開所を続けるとの考えを示していたほどです。しかしその後感染者数が増加し続けたため、政府は各自治体に対して「臨時休園」や「登園自粛」の対応を取るよう通達を出しました。

臨時休園や登園自粛の開始と終了のタイミングは自治体によってまちまちでしたが、それまで当たり前のようにお子さんを預けられた生活から自宅保育の生活に一変したことから、「仕事は?」「生活は?」と戸惑った保護者は多いはずです。

たとえリモートワークで自宅で働けたとしても、お子さんをケアしながら仕事をしなければなりません。これは本当に大変なことです。発熱やはやり目(流行性角結膜炎)などでお子さんが数日、長くても1週間ほど保育園を休むことはあっても、治療法が確立された病気であれば登園開始の目処がわかります。

しかし新型コロナウイルスは有効な治療法がないため、「いつになればまた登園できるのか」がわからず、先行きのわからない不安を抱えた親御さんはたくさんいるのではないでしょうか。結果として臨時休園や登園自粛の措置は1カ月ほどで終わりましたが、その期間は2カ月、3カ月に及ぶ可能性があったわけです。

保育園は、社会を支えるインフラだと感じた

保育園業界や保護者への取材を行い、普段から親御さんと話す機会の多いライター・編集者のSさん(30代男性、2歳の男の子のパパ)は、緊急事態宣言発令下の保護者の様子を次のように話してくれました。

「私が仕事をご一緒している吉田さん(仮名、30代女性、都内勤務)は、状況が少し落ち着いた頃に『臨時休園の時期にどうやって過ごしていたのか記憶がない』と振り返っていました」

それもそのはず。朝に保育園にお子さんを預け、夕方お迎えに行くまでの間は仕事に集中して取り組めたのに、自宅で3歳の娘さんのケアをしながら仕事をしたわけですから。娘さんからすれば、いつもなら保育園で過ごしていた日中に自宅にいて、目の前に親がいれば遊んでほしいと思うのは自然なことだと思います。

お子さんと遊びながら、リモートワークで仕事をする。その生活は言葉で表す以上にハードです。吉田さんはウェブミーティングでは、ぐずって機嫌の悪いお子さんを膝に乗せて参加していたそうです。

ライターのSさんもパパです。彼は「息子が通っている保育園からは登園自粛のお知らせが来て、毎日登園ができなくなりました。妻と仕事のスケジュールを共有して、シフトを組んで乗り切りました」と話していました。

Sさんから聞いた話の中で、私が一番印象に残ったのが、次の発言でした。

「保育園はもはや社会の基盤を支えるインフラであるということに気がつきました。子どもたちがいる状況での在宅勤務を経験して、自分たちが日々安心して働けるのは保育園の先生や職員の皆さんのおかげなんだなと改めて思い知らされました」（高橋さん、仮名。30代女性）

保育士と聞くと、人によって「子守」や「子どもと遊ぶだけの仕事」とイメージする人がいるかもしれません。実際には責任が重大で、大変な仕事です。今回は常に新型コロナウイルスへの感染のリスクを抱えながら保育を続けていたわけです。STEP8にも書いていますが、保育現場では感染症対策に神経を使っています。

保育園は、子育てを支援する機能もある

毎日保育園に預けるのが普通だと、登園ができなくなったときに保護者の生活設計に大きな影響が及びます。朝に出社して仕事をして、夜は子供と過ごす。この生活が送れるのは、日中にお子さんを預かり、親御さんに代わって保育をする保育園があるからです。

子ども・子育て支援新制度では、「保育に欠ける要件」として、「就労」「妊娠と出産」「保護者の疾病、負傷、精神や身体の障害」「同居親族の介護、看護」「災害復旧」「求職活動」「就学」「虐待やDVのおそれ」などが挙げられます。それだけ、たくさんの人が保育を受けられるようになっているのです。

また、あってはならないことですが、親に

よる虐待被害を受けるお子さんは後を絶ちません。保育園ではお子さんの体にアザや傷がないかなどを注意深く見ていますし、育児に困りごとを持つ親御さんの相談にも乗っています。保育園は保護者の就労だけでなく、子育てをサポートする存在でもあるのです。

新型コロナウイルスによって、そのことを多くの親御さんが再認識するようになったと私は感じます。それだけ社会が保育園の役割の重要性を理解した今、保育園事業の社会的意義はとても高まっているのです。

STEP 2

2025年まで チャンスあり！ 保育園経営の 現在と可能性

小規模保育は地域型保育の代表格

2015年4月施行の「子ども・子育て支援新制度」（以下、新制度）は、約70年ぶりの保育制度の大改革でした。小規模保育は、新制度で新たに制度化された保育園です。

それまで保育園というと、定員60人以上の大規模な認可保育園が基本でした。しかし同制度では定員20人以下の単位で、待機児童の約9割を占める0〜2歳児の保育を行う「**地域型保育**」を導入。小規模保育は地域型保育のひとつで、6〜19人の少人数を受け入れながら、認可保育園と同様に補助金の支給を受けられます。なかでも小規模保育は、地域型保育の主力と言える存在です。

この章では、待機児童問題の原因や国がどのような保育施策を行ってきたのか、それを踏まえ保育園経営は今後どうなっていくかについてお話ししたいと思います。

物件取得や資金調達などと違い、一見すると保育園経営にダイレクトに関連するとは思えないかもしれません。しかし、我が国が直面する子育ての課題や国の考えを知ることは、保育園経営をする者としておさえておきたい部分です。

待機児童はなぜ生まれるのか？

そもそも、待機児童とは何かを理解しておきましょう。国の待機児童の定義は、「**保育所入所申込みがされており、要件に該当しているが、入所していない児童**」のこと。ざっくりと言うと、「認可保育園や認定こども園（保育園利用）、小規模保育などに入園希望を出したものの、入れなかった児童」が待機児童としてカウントされるという意味です。

一方で、認可外保育園や企業主導型保育園のほか、認可保育園であっても特定の保育園を希望して入所できなかった児童は待機児童に含めません。特に都心の保活激戦区では、競争の激しさから入園申し込みそのものを諦める人がいます。しかし、その場合には待機児童とカウントされないこととなっています。2020年4月1日時点で、全国に待機児童は1万2439人いても、先ほどご説明した通り、実際にはもっとたくさん保育園に入れない子どもがいるのです。

こうした児童を「隠れ待機児童」（潜在待機児童）と呼びます。少し前のデータですが、19年9月7日の東京新聞の記事によると、「隠れ待機児童」は全国に約7万3000人いると

図2-1 待機児童数の推移

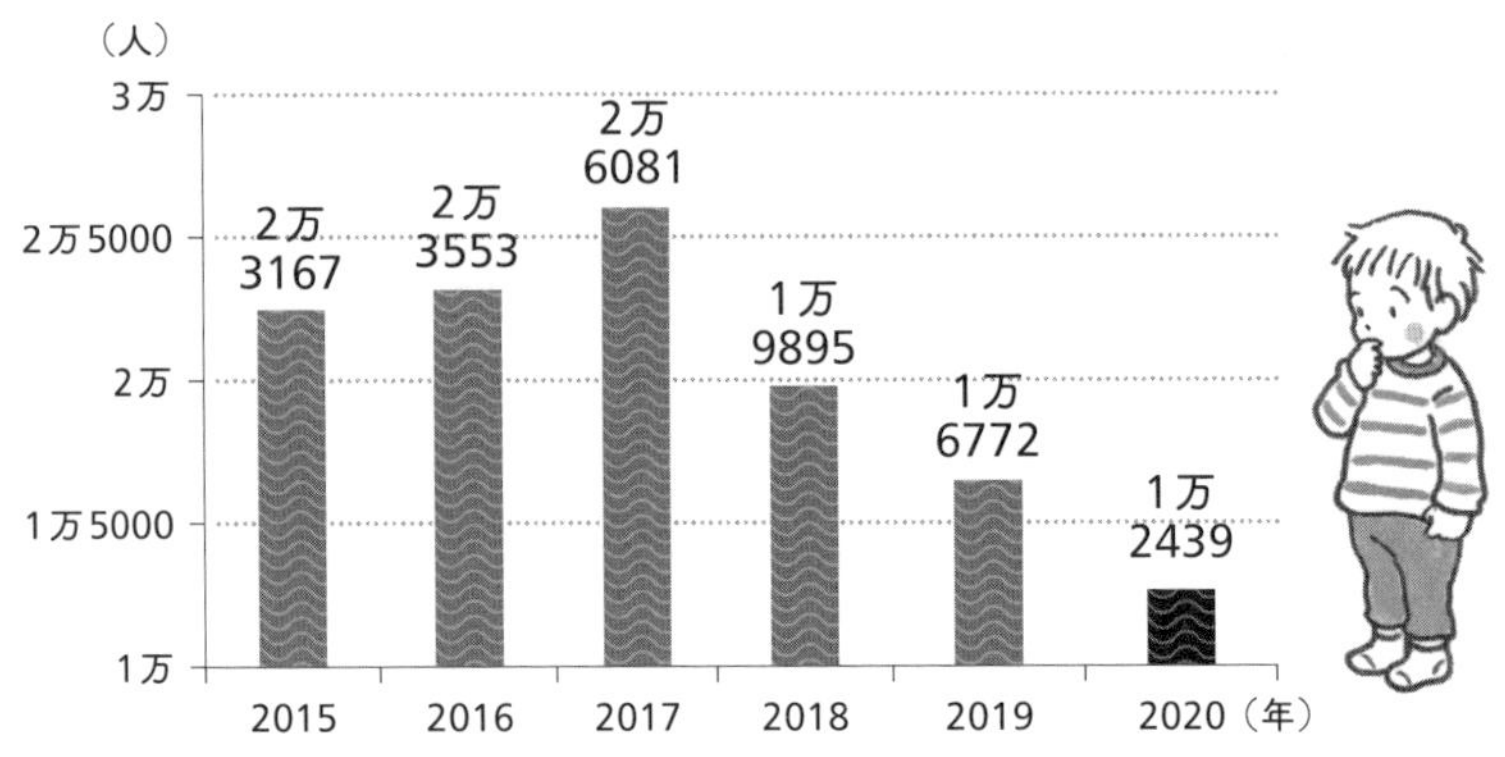

出典：厚生労働省HP

図2-2 年齢区分別の利用児童数・待機児童数

	利用児童数	待機児童数
低年齢児（0～2歳）	1,109,650人（40.5%）	10,830人（87.1%）
うち0歳児	151,362人（5.5%）	1,227人（9.9%）
うち1・2歳児	958,288人（35.0%）	9,603人（77.2%）
3歳以上児	1,627,709人（59.5%）	1,609人（12.9%）
全年齢児計	2,737,359人（100.0%）	12,439人（100.0%）

（注）利用児童数は、全体（幼稚園型認定こども園等、地域型保育事業等を含む）

出典：厚生労働省「保育所等関連状況取りまとめ（令和2年4月1日）」

0～2歳児の
待機児童数の
割合が多いことが
わかります

言われています。

「一方、保育所などに入れていないのにさまざまな理由で待機児童の集計から除外された「潜在的な待機児童」は七万三千九百二十七人に上り、公表されている二〇一五年からの五年間で最多となった」（原文ママ、出典：東京新聞）

日本人の給料は下がっている

ではなぜ待機児童が生まれるのでしょうか。背景には様々な要因がありますが、**賃金の低下と少子化とは深い関係があります。**

日本人の年収は1996年〜97年を境に下落を続けています。国税庁の「民間給与実態統計調査」（20年）で、1989〜2019年までの民間給与の推移を見てみますと、90年代後半をピークに下

図2-3　民間平均給与の推移

19年平均436万円（全体）			
正規	503.0	男性	540.0
非正規	175.0	女性	296.0

出典：国税庁「民間給与実態統計調査」

がっていることが一目瞭然です。

民間企業に勤める人が、19年に受け取った給与の平均（全体）は436万円で、前年に比べて4万3000円減りました。またピーク時の97年（467万円）よりは31万円少なくなっています。

平均給与額は14年から18年までは上昇したものの、19年には下がりました。新型コロナウイルスの影響もあり経済の先行きは不透明な状況です。

共働きが当たり前の社会

子育て世代の男性の給与が下がれば、夫の給料だけで生活するのは不安です。そうなると、妻も働いて収入を得る必要があるので、共働き世帯が増えます。

独立行政法人 労働政策研究・研修機構の調査によると、19年時点で共働き世帯が1512万世帯、専業主婦世帯が648万世帯となっています。

お母さんたちが働きに出るとなると、お子さんの預け先が求められます。こうして、保育園の需要が急速に増してきたわけです。人口が密集する都市部では需要に供給が追いつかず、待機児童が解消されにくい状況が発生しています。

少子化で労働力人口が減少。

次に少子化についてお話しします。

図2-4をみてください。1971〜74年の第2次ベビーブーム時には、1年間に生まれる子どもの数は200万人を超えていましたが、2015年は100万8000人と70年代前半の半分の出生数となっています。さらに、19年には86万5234人と、国の予想を超えるスピードで少子化が進んでいます。また一人の女性が生涯にうむ子どもの推計人数である「合計特殊出生率」は、19年時点で1・36と、4年連続で低下しています。

ここで「少子化なのになぜ保育施策の充実が必要なのか?」と思った方がいるかもしれませんね。確かに子どもの数は減少しており、保育園をたくさん作る必要はないように見えます。

図2-4 出生数と合計特殊出生率の推移 —1970〜2019年—

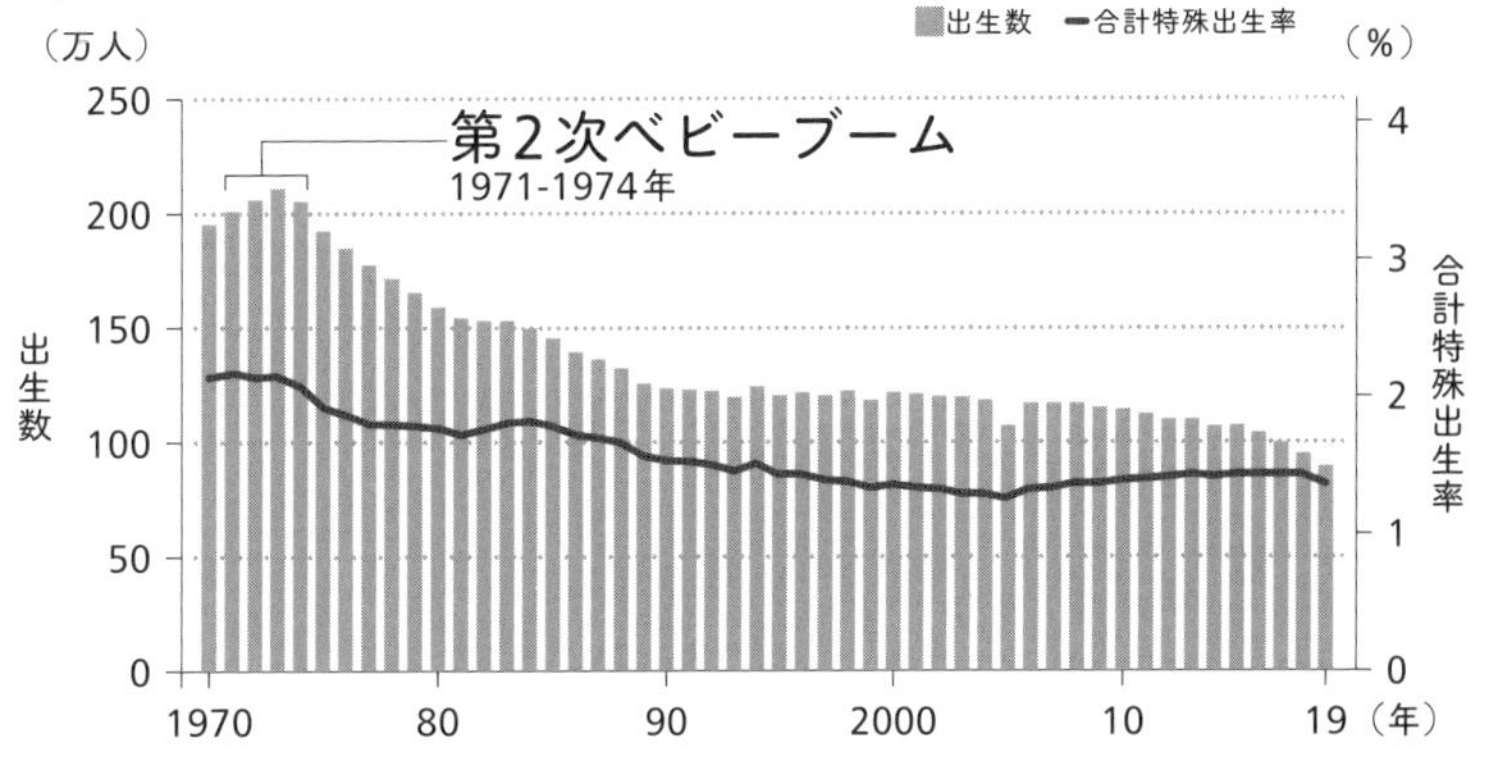

出典:厚生労働省「人口動態統計」

しかし、少子化は労働力人口の減少に繋がります。労働力人口とは、労働の意思と労働可能な能力を持った15歳以上の人のこと。働き手が減少すれば日本経済は停滞し、国際的な競争力を失いかねません。

死亡数から出生数を引いた人口の自然減は、19年に51万5864人。初めて50万人を超え、日本人の減少に拍車がかかっています。

こうした中で労働力として国が注目したのが、女性です。女性が育児の担い手となるケースが多い日本では、子育て世代の女性の就業率が下がる特徴があります。そのため、20年9月時点の女性就業率は70・5％と、男性の83・6％に比べて下がってしまうのです。

国が子育て施策を進める背景には、労働力確保のため、働ける人には働いてほしいとの本音が見え隠れしています。保育環境を充実させれば、子育て世代の女性の就労意欲を刺激すると考えたのです。国が急ピッチで保育環境の整備に取り組んでいるのには、こうした理由もあります。

国の保育施策を知る

保育園経営者としては、国がこれまでどのような保育施策を講じてきたかを知っておきたいところです。制度は複雑なので、ポイントを絞ってご説明します。

子ども・子育て支援新制度

急増する保育需要に対応するため、国は数々の対策を講じてきました。2015年4月施行の「**子ども・子育て支援新制度**」では、幼児期の学校教育や保育、地域の子育て支援の量の拡充や質の向上を推進。同時に新制度では、保育は市町村の役割であることを明確化しました。つまり、自治体が地域の実情に沿い、多様な保育を行えるようになったわけです。

新制度で設けられた「地域型保育」

日本の保育制度が、認可と認可外の2種類に分けられることは、STEP1でご説明した通りです。

新制度施行前までは、認可保育園は定員60人以上の大規模なものが基本でした。これを「**施設型保育**」と呼びます。しかし郊外ならまだしも、土地が少ない都市部では用地の確保が困難です。加速する待機児童解消の受け皿確保のため、国は20人以下の少人数の保育施設を増やす方針を取りました。

それがSTEP2の冒頭で触れた「地域型保育」と呼ばれる保育です。小規模保育は、その地域型保育のひとつで、6人以上19人以下の0～2歳児を保育できます。開設場所は自治体が定める条件を満たせば、マンションやビルの一室でも可能です。

53万5000人分の保育の受け皿増

国は、待機児童の解消に力を入れてきました。保育園経営者としては、あらためて「待機児童解消加速化プラン」と「子育て安心プラン」の概要は理解しておいてください。再度ここで説明します。「待機児童解消加速化プラン」とは、17年度までに待機児童の解消を目指し作られたプランのこと。同プランは13年度から14年度までの「緊急集中取組期間」と15年度から17年度までの「取組加速期間」の2つの期間に分けられ、53万5000人分の保育の受け皿の確保に成功しました。

約32万人分の受け皿確保

さらなる保育の受け皿確保で待機児童解消を目指すとともに、女性の就業率8割を目標とし、17年には「子育て安心プラン」が施行されました。同プランは18~20年度の3年にわたる計画で、20年度末までに約32万人分の受け皿確保を目指しています。

厚労省が20年9月に発表した2年目（2019年度まで）の途中経過には、合計で約20万人

分の新たな保育の受け皿を整備したとあります。19年度の実績の内訳を見ると、同年度には約7万8800人の受け皿を確保。認可保育園が59人に対して、小規模保育は約8000人増やしています。**保育の受け皿拡大と待機児童解消に小規模保育が大きな役割を果たしている**ことがうかがえます。

図2-5 2019（令和元）年度の保育の受け皿拡大量

単位（人）

認可保育所	幼保連携型認定こども園	幼稚園型認定こども園	地方裁量型認定こども園	小規模保育事業	家庭的保育事業	事業所内保育事業	居宅訪問型保育事業	地方単独保育施策	その他	小計	企業主導型保育事業	合計
59	61,850	8,278	35	8,021	▲75	947	27	▲4,263	3,588	78,494	341	78,835

注）認可保育所：保育所型認定こども園の保育所部分を含む。
注）企業主導型保育事業については、令和2年3月31日時点における令和元年度の拡大量見込み。

○2019（令和元）年度の保育の受け皿拡大量は、市区町村分で約7.8万人分、企業主導型保育事業で341人分拡大。

出典：厚生労働省

コロナ禍で見直される保育園の地位

保育園経営を考える人に追い風なのは、**保育園が「社会的に重要なインフラである」**との認知が拡大したことです。

新型コロナウイルスの流行により、国は２０２０年4月に緊急事態宣言を発令しました。認可保育園は事業者の判断で勝手に休園できないことになっており、開園が原則です。しかし未曾有の事態に対応するため、認可保育園に対して「臨時休園」を通達し、保護者が医療従事者の児童のみ保育するといった対策を講じた自治体もあります。休園の措置によってお子さんを預けたくても預けられず、自宅育児をしながらリモートワークをし、保育園のありがたみを感じた保護者はたくさんいます。

保育サービスを提供する明日香が20年の夏に保育園児を持つ全国のお母さんを対象にしたアンケート（明日香：「緊急事態宣言解除後の「保育園児を持つ母親の実態調査」」）によると、「**外出自粛期間を経て保育園・保育士の重要性を感じている**」と答えたお母さんは、95・４％に上っています。

具体的には「仕事と育児を同時にするのは難しいので、やはり保育園は大事」「保育園で見ていただけないと自分が働きに行けないことを痛感しました」といった声が寄せられています。また集団での遊びや体を動かす遊びをしてほしいといった意見も多く、自宅だけでは難しい遊びや保育を保護者に代わって行う場として期待されていることがわかります。

これから保育園事業を開始したいと思う人にとっては、保育園事業が社会的に意義あるものであるという認識が強まったのではないでしょうか。

チャンスは2024〜25年まで!

現在の待機児童問題も、小規模保育をはじめ保育環境が整っていくにしたがってその数は段階的に減少していくと思われます。

しかし国の政策とは裏腹に、2020年4月1日時点の待機児童数は1万2439人と、前年より減っているものの、目標とするゼロからはほど遠い状況です。15年の新制度施行後も保育の受け皿を増やせば新たな保育需要を掘り起こし、保育園事業は今なお社会から強く求められています。

とはいえ現に少子化は加速しており、将来的に園児の数が減っていくことは間違いありません。

もしみなさんが現在、認可外保育園を経営している、あるいはこれから始めようとしているのであれば、できるだけ早く小規模保育の認可を受託できるよう努めてください。

私は、**今後4〜5年（24〜25年）が保育事業に参入しやすいビッグウェーブと見ています。**

保育園を始めるか迷っている方は、今すぐ行動を開始してください。迷っている時間はありません。待機児童を解消するための保育園の〝陣地〟は時間とともに塗りつぶされていきます。

まさに今が**保育事業参入の〝最後のチャンス〟**なのです。

しかし、まだまだこのことを知っている方が少ないというのが実感です。子育て安心プランは20年度で終わり、次にまた新しい施策が打ち出されます。しっかりと準備をしておきましょう。

重要なので繰り返しますが、保育事業参入を考えている方、すでに認可外などの保育園を始めていて小規模保育を考えている方は、一早く動き出しましょう。

その先に道がひらけていくはずです。

STEP 2 まとめ

保育事業の新たな光 小規模保育

1 2015年、「認可」として小規模保育がスタート！

2 0～3歳未満児を預かる定員19人以下の保育園

3 保育園事業参入のチャンスは2024年～25年まで！

STEP 3

小規模保育開園前の「心がけ」と「運営ポイント」

未経験でも小規模保育が開設できる?

STEP1~2では日本の保育制度の概要や、国が行ってきた子育て施策、保育園がなぜ求められているのかについてご説明しました。STEP3では、いよいよ保育園経営の実務的な内容についてお話しします。

ポイントは、**「保育園経営の経験がなくても、いきなり小規模保育の開設と経営ができる」**ことです。詳しく見ていきましょう。

自治体が認めれば、未経験でも小規模保育を開ける

前著では、保育園の経営実績がない方は認可外保育園で実績を積むところからスタートする必要があると書きました。

「認可外保育園」→「認証、認定保育園」→「小規模保育」→「認可保育園」というステッ

プです。

認可保育園には施設整備や運営にかかる費用に補助金、つまり税金が使われるため事業者の実績が重視されます。

一方で認可外保育園には補助金がない分、開設のハードルは下がります。未経験者にとっては参入がしやすいメリットがあるものの、補助金を得られないため経営状態が不安定になるリスクもあります。それに、段階を踏む必要があるので、小規模保育の開設までに時間もかかってしまいます。

しかし当社が詳しく調べたところ、**自治体によっては保育園の経営実績がなくても、小規模保育の開設を認めているケースがある**ことがわかりました。

これはいったいどういうことなのでしょうか。小規模保育は自治体の管轄下にあり、小規模保育開設の許認可権は自治体に委ねられています。つまり、事業者の条件設定は各自治体が決められるのです。

小規模保育にも税金が使われますから「最低1年の保育園経営実績が必要」と定める自治体が多いのは事実です。特に都市部ではその傾向が強いと感じます。

しかし「未経験でも開設を認める」や「補助金をもらわない自主整備型であれば未経験者でも良い」など、保育園経営実績がなくてもＯＫとする自治体も存在します。

前著を書いた2016年は、前年施行の「子ども・子育て支援新制度」によって小規模保育ができたばかりでしたし、全国に約1700ある自治体の情報をくまなくチェックできませんでした。

そこで当時のスタンダードだった「最低1年の経営実績」をベースに考え、まずは認可外保育園から実績を積みましょう、というステップをご提案していたのです。

しかし実際には、未経験者でもいきなり小規模保育を経営できる可能性があるわけです。保育園経営を目指す方にとっては、かなり嬉しいニュースではないでしょうか。

自治体が掲載する募集要項を見てみよう

各自治体では、小規模保育事業を行いたい人に向けて、開設の条件をホームページに掲載しています。どのような条件なのかを見てみましょう。

補助金なしの「自主整備型」なら未経験でも開設を認めるケース

次の文言は、神奈川県横浜市が小規模認可保育園A型を開設したい人に向けてホームページ上に提示した条件です。

「改修費補助を受けて整備する場合は、平成31年4月1日から申請時点まで継続して、認可保育所・幼稚園・認定こども園・横浜保育室・自治体認証保育所・地域型保育事業（居宅訪問は除く）・認可外保育施設のいずれかを運営していること。」（原文ママ、出典：横浜市ＨＰ）

大前提として、横浜市では保育園経営の経験がない人が市の補助金を受けて小規模保育を開設することはできません。

しかし、冒頭の「改修費補助を受けて整備する場合は」に注目してください。市からの補助を受けずに開設する「**自主整備型**」であれば、未経験者でも開設を認められる可能性を示唆しています。

ここで断っておきますが、「お金を自分で出せば、どんな人でも開設を許す」という意味ではありません。

自治体からすれば「税金を使ったのにすぐに廃業となった」という事態を避けるため、事業者の審査を厳しくしているのです。

保育園経営経験以外にも、小規模保育には立地や建物の安全性など、子どもの安全を守るための細かな条件が定められています。それらの条件をクリアし、安全性が担保されないと開設はできないのです。

未経験でも補助金を受け取って開設できる自治体も

次に、埼玉県越谷市のケースを見てみましょう。ホームページには小規模保育開設の条件として、以下の文言が掲載されています。

「応募できる事業者は、法人又は認可・確認申請書提出日までに小規模保育事業所を運営する法人を設立する個人であって、次に掲げる要件を全て満たす必要があります。

・保育事業に熱意と理解をもち、事業の運営を適切に行う能力を有すること。
・安定的な経営を行うことができ、児童が心身ともに健やかに育成されるよう尽力できること。
・越谷市が行う保育行政に積極的に協力できること。
・その他、募集要項に示す全ての条件を満たすことができること」

（原文ママ、出典：越谷市ＨＰ）

法人の設立や保育事業への熱意の有無は書かれているものの、保育園運営実績については触れられていません。

現に越谷市のホームページには、「今回の要件に保育実績は求められていませんが、保育実績がある応募者については、審査において評価に反映させます」との一文が添えられており、保育園経営経験は問わないと明言しています。

つまり越谷市では、小規模保育を開設できる可能性があるのです。

このように条件は自治体によってさまざまです。「認可外保育園で○年以上の実績が必要」とするケースもあれば、未経験であってもコンサルティング契約といった保育園経営の指導体制を整えられれば開設が許可されることもあります。

自治体の方針は都度変わるので、小規模保育を開設したいと思うエリアの自治体のホームページをチェックする習慣をつけましょう。

小規模保育公募のプロセス

小規模保育は、認証、認定からの移行などを除くと、公募を平等に行い、事業者を選定しています。要件、提出書類などの内容は、自治体によって違いますが、基本的なプロセスを紹介します。

まず、自治体で公示されたら、説明会に参加し、**自治体のニーズを把握**します。それに基づいて、事業計画書を書き上げます。その後、申請書類一式を提出し、プレゼンテーションを行います。

提出書類は大きく分けると、次の3つです。

＊会社概要、財務関係書類
＊物件、立地関係書類
＊保育内容書類

自治体が求めているニーズをできるかぎり把握し、提案していくことが小規模認可を受託するためには大切です。公募のプロセスについては、図3-1を参照してください。

図3-1 小規模保育公募のプロセス

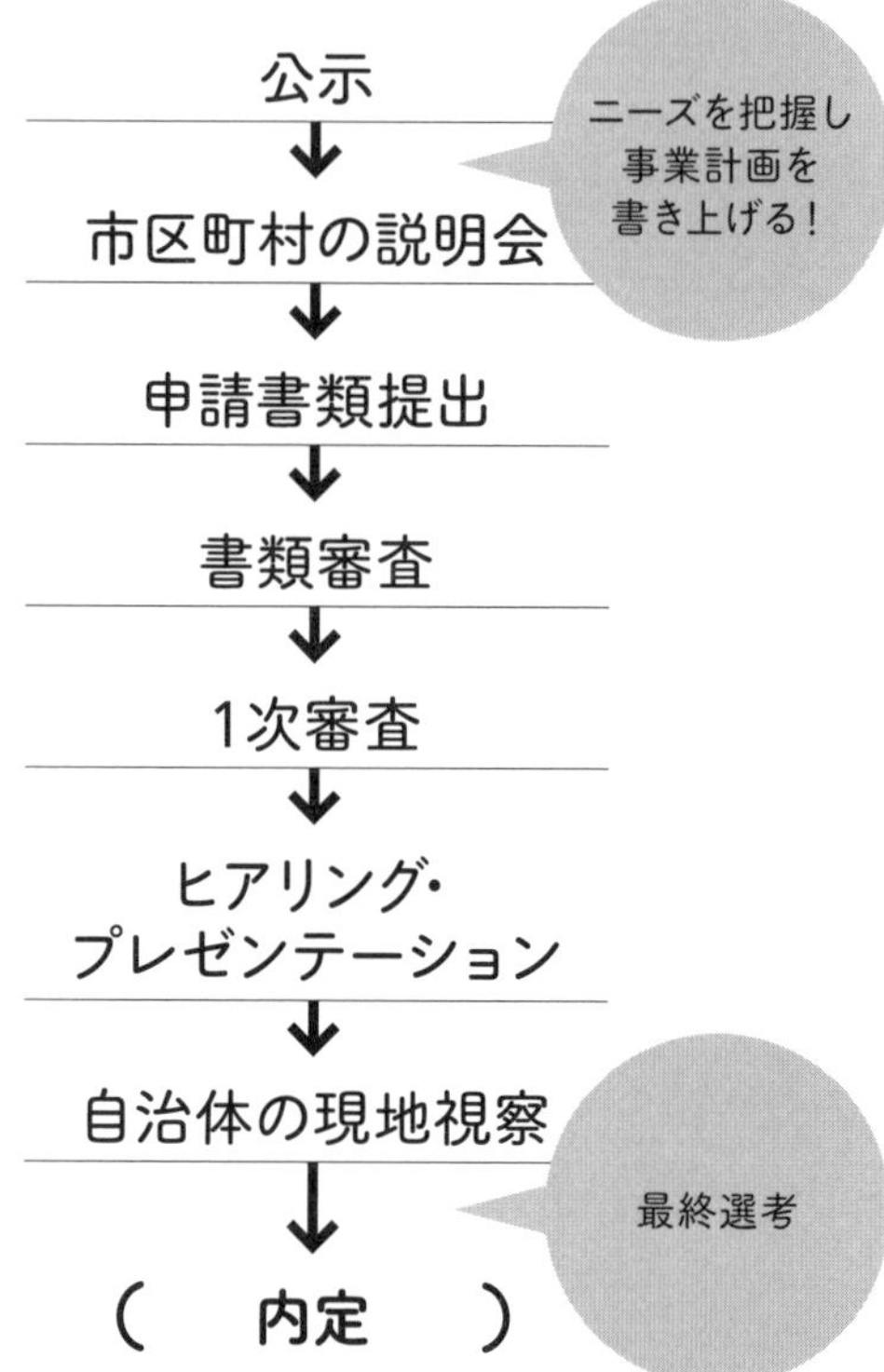

小規模保育経営のメリット

小規模保育を経営するメリットは、認可保育園と同様に補助金を受け取りながら経営ができること、未経験者でも開設できる可能性があることです。補助金によって経営は安定しますし、園児の募集は自治体が行ってくれるので経営者にはありがたいことです。認可外保育園には自治体からの補助がありませんし、園児は自分たちで集めなければいけません。私自身の経験をお話しします。会社を立ち上げた当初は雨の中、傘を差して、近隣のご家庭に園児募集のチラシを1日2000枚位、1~2週間かけてポスティングしたことがあります。

また認可保育園の保育料は「**応能負担**」と言って、保護者の収入に応じて設定されています。収入に合った保育料でお子さんを保育してもらえるわけですから、入園を希望する保護者は常にたくさんいます。自分で保育料を設定できる**認可外保育園と違って、収入の上限が見えるため莫大な利益を得ることは難しいですが、安心して経営できる**のは利点でしょう。

また自主整備型でなければ、整備費や保育料等として国と自治体から補助金が出されます。ここまで手厚い補助を受けながらできるビジネスは、そう多くないはずです。

まず小規模保育を1園経営する

私たちが日頃お伝えしているのは、「**まずは小規模保育を1園経営しましょう！**」ということです。まずは小規模保育を1園経営する。このステップが、その後の保育園経営に大きな影響を与えます。

1園の経営が実績となり、その後の小規模保育やその先にある認可保育園の経営に有利になるからです。1園目の認可採択を受けることは決して簡単ではありません。しかし、2園目、3園目と実績を積むごとに自治体からの許認可を得やすくなります。

小規模保育を3園経営できれば、財務的にも保育園の運営実績の面からも、大規模な認可保育園にチャレンジしやすくなるのです。

1園目を突破するというのは、言うほど簡単ではありません。しかしそこを乗り越えることができればその先の展開が容易になるのは事実です。まずは1園目の開設を目指しましょう！

保育園経営にふさわしい人物とは

最低限必要な「思い」「理念」は持つべき

まず申し上げたいのは、「はじめに」でも書きましたが、**お金儲けだけが目的では保育園経営を成功させることはできません。**

たしかに、現在、保育園を経営している方、またはこれから保育園の経営を目指している方たちにとって、政府の後押しという強い〝追い風〟が保育園業界に吹いています。加えて新型コロナウイルスによる休園で、保育園が社会生活にいかに重要な役割を果たしているかを多くの保護者が認識しています。今後4〜5年は、保育園経営において大きなチャンスなのです。

しかしながら、保育園の経営は他の業界とは決定的に異なる側面があります。それは、社会福祉事業である以上、経営者・オーナーは、保育園運営に対して最低限、次の「思い」「理念」がなければ、何年にもわたって保育園を経営していくことはむずかしい、ということです。

＊子どもが好き
＊保育事業が好き
＊社会的使命感を持っている

高いモラルと責任感、使命感は不可欠

当然、評判のいい保育園を経営されている方は、最低でもこのような理念を持って運営されているでしょう。

また、保育園事業の対象（顧客）が、まだ十分に自分の意思を言葉にすることはできないけれども、無限の可能性を持った乳幼児であること、そして、それこそ自分の命と引き換えにしても惜しくない最愛の我が子を託す親御さんであることを忘れてはいけません。

保育園の運営とは、この大切な命を親御さんからお預かりするだけでなく、その子どもの人格形成にも関わる重要で責任ある事業です。ですから、保育事業の経営者には、それ相応

の**高いモラルや責任感、使命感が不可欠**です。

保育園事業を成功させることのできる経営者とは、「保育」に責任と情熱を持ち、「自分の理想とする保育園」を目標としてイメージでき、その目標を達成するために、絶え間ない努力を継続することができる方です。

このような条件をクリアできる方ならば、ぜひ、このまたとない機会に、率先して保育事業にチャレンジしてほしいと思います。

経営者に保育士資格は必要？

フランチャイズの加盟希望者によく聞かれるのは、保育園を経営していくうえで、経営者に保育士の資格が必要ですか、ということです。

私は、保育士の資格は必要ありません、と答えています。

すでに資格を取得しているのであれば、保育スタッフのシフトを組む際にやりやすくなるというのはあるのでしょうが、必要ということではありません。

これは、経営者自身の経営スタイルにもよるでしょう。毎日シフトに入って、自身が園を切り盛りしていくのか、あるいは経営に徹して、園自体は現場に任せるのか――。

とはいえ、開園当初は、他のどのスタッフよりも経営者が先頭に立って動くべきです。いろいろと試行錯誤してみて、自身のスタイルを決めていってはどうでしょうか。

コロナ禍で明らかになった経営者の倫理観

2020年4月の緊急事態宣言発令により、休園した保育園が見られました。しかし認可保育園の場合、休園中の保育料等は自治体が100％補助してくれます。休園期間が数カ月に及んでも同様です。保育士の離職を防ぐ目的で、厚生労働省からの通達が出されたのです。

しかし認可保育園経営者の中には、従業員に対して労働基準法上で定められている賃金の60％のみを支払い、残りの40％を自分のポケットに入れてしまうケースが見られました。たしかに法を犯しているわけではありませんが、倫理的にはどうでしょうか。

従業員からすれば不可抗力で休業となっているのに、平時の6割しか給料が出ないことになります。給料を減らされては生活に大きな影響が生じます。保育士の働きやすさや待遇は、保育の質に直結します。保育士は園同士横の繋がりがあることが多いので、悪い噂が広まってしまうかもしれません。そうなれば保育士の確保がむずかしくなり、長期的に見ると経営

にネガティブな影響を与えます。

もちろん、私は「損をしろ」と言っているわけではありません。ビジネスですから、利益を求めるのは当然です。**目先の利益だけを見ず、長期的な視点を忘れない心がけが必要**だということを強調したいのです。

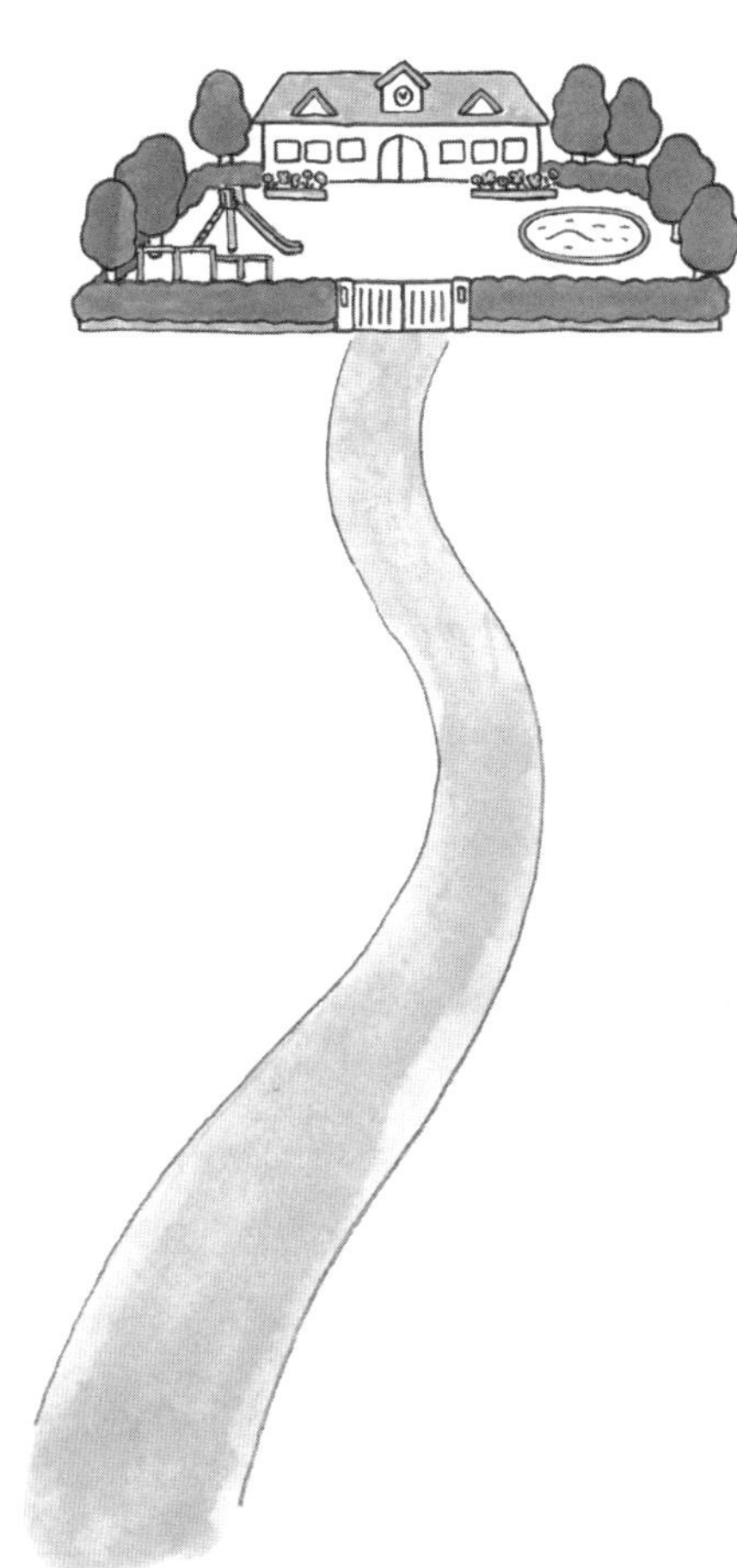

保育料・各種保険への加入・小児科医との提携

認可系保育園では、各自治体により応能負担に基づいた保育料が設定されていますので、公立、私立とも同じ保育料となります。ただし、私立の認可では、延長保育料金、シーツ代などは別途、園が独自に徴収しているところもあります。自治体によって保育料は異なることを押さえておいてください。

自治体への届出と同時に各種保険にも加入することも覚えておいてください。大切な子どもたちを預かっているわけですから、各種保険加入は絶対です。種類としては、**傷害保険**、**生産物責任賠償保険**（食中毒等の発生時）、**施設賠償責任保険**（園内での事故による障害のため）などに加入してください。

加入手続きは開園時までに必ず行ってください。万一、事故が起こってからでは遅いです。また、在園する子どもたちの健康診断（年2回）や緊急時の対応を考え、近隣小児科クリニックと提携してください。ただし、提携契約ができない小児科もありますので、近隣で提

図3-2 浦安市令和3年度（2021年度）保育料徴収基準額表

（認可保育園・幼保連携型認定こども園・幼稚園型認定こども園・小規模保育・保育ママ・事業所内保育）

◆第1子◆（第2子以降は軽減あり）

階層	市民税の所得割額（※） 4月～8月　令和2年度市民税 9月～3月　令和3年度市民税	0歳～2歳児		3歳児クラス	4・5歳児クラス
		保育標準時間認定	保育短時間認定	保育標準時間認定 保育短時間認定	保育標準時間認定 保育短時間認定
A	生活保護法による被保護世帯及び中国残留邦人等の円滑な帰国の促進並びに永住帰国した中国残留邦人等及び特定配偶者の自立の支援に関する法律による支援給付受給世帯	0円	0円	0円 ※給食費は保護者負担になります。（第3子以降または市民税の所得割が57,700円未満の世帯、市民税の所得割額が77,101円未満のひとり親世帯等は免除）	
B	非課税世帯	0円	0円		
C	均等割のみ世帯	5,800円	5,700円		
D1	5,500円未満	6,850円	6,730円		
D2	5,500円以上　48,500円未満	8,100円	7,960円		
D3	48,500円以上　50,300円未満	9,000円	8,840円		
D4	50,300円以上　57,600円未満	10,950円	10,760円		
D5	57,600円以上　66,500円未満	13,500円	13,270円		
D6	66,500円以上　84,400円未満	18,800円	18,480円		
D7	84,400円以上　102,400円未満	25,400円	24,960円		
D8	102,400円以上　120,500円未満	32,350円	31,800円		
D9	120,500円以上　138,300円未満	36,990円	36,360円		
D10	138,300円以上　169,000円未満	42,320円	41,600円		
D11	169,000円以上　174,400円未満	47,650円	46,830円		
D12	174,400円以上　192,400円未満	48,480円	47,650円		
D13	192,400円以上　210,400円未満	49,310円	48,470円		
D14	210,400円以上　228,500円未満	50,140円	49,280円		
D15	228,500円以上　267,500円未満	50,980円	50,110円		
D16	267,500円以上　327,500円未満	51,490円	50,610円		
D17	327,500円以上	52,000円	51,110円		

（※）配当控除、外国税額控除、住宅借入金等特別控除、寄附金控除などの適用前の税額

出典：浦安市HP

携がむずかしい場合は、各家庭で健康診断を受けてもらうようにします。

ちなみに、健康診断における費用の目安としては、園児1人当たり3000円前後が相場です。

STEP 3 まとめ

小規模保育開園前の心得

1 未経験者でも小規模保育を開設できる
2 小規模保育は補助金を受け取りながら経営できる
3 保育園経営には高いモラルと責任感、使命感は不可欠

目先の利益だけでなく
長期的な視点が必要

Column 2

娘を入園させたい園がない！それが、保育園を始めた動機

入園させたい園がない！

私がなぜ保育園経営を始めようと思ったのか――。

うちは共働きでしたので、娘が1歳になったときに保育園探しを妻と始めました。十数園ほどを見て回ったでしょうか……。残念なことに、どこも積極的に預けたいと思える園はありませんでした。

ないなら自分で作ろう――。それがこれまでまったく畑違いの業界にいた私を保育園事業に進ませた、大きな動機です。

当時私が住んでいた都内のある区は認可保育園入園の激戦区でした。私の周囲でも認可に入ることのできないお子さんが多数いました。そのような現状を目の当たりにしていましたから、私も妻も、認可園への入園ができなかった場合に備えて、少しでも優良な認可外保育園を探すために、認可外の見学も早めに開始しました。

園長が常駐していない園

通常、見学を希望するときは事前に予約を入れます。しかし、それでは普段の保育園の姿を見ることができないため、あえて私たちは飛び込みで行きました。

たとえば、認可外のある園を訪問したときのことです。飛び込みだと断られることもありますが、その園では見学をさせてもらえました。応対していただいたのは、20代前半と思われる保育士さんです。そこで、次のような質問をしました。

「園長先生にお話をうかがえますか？」

返ってきた答えは、

「園長は本社にいます」

続けて、質問しました。

「いつ、来られますか？」

答えは、

「わかりません。いつもほとんど本社におり、

園にはときどき顔を出す程度ですので……」

園長先生がいつ来るかわからないということは、普段はいないということです。つまり、入園希望の保護者から予約が入ると、そのときだけ準備をして来るということなのです。

それからその保育士さんにいろいろと質問をしましたが、ほとんどの質問に対して「わからない」という答えばかりでした。

期待するのは無理な保育園

保育園は人件費がほとんどを占めています。それをいかに安く抑えるか、そのためには学校を出たばかりで免許を取りたての経験の浅い保育士を中心に採用するか、逆に60代の子育てが終わった女性を入れて人件費を抑えるか、そのような方法を取ります。私が飛び込みで見学に行ったこの保育園はまさにその典型のような園でした。

これでは最初から期待するのは無理というものです。ＤＶＤも流しっ放し。給食は仕出し弁当で中身は揚げ物ばかり……。

あくまでもお金儲けの手段として保育園経営をやっているだけと言えるでしょう。このような保育園に自分の子どもを預けることを想像すると、それは無理だと思いました。

公立の認可保育園に対する疑問

幸運にも、うちの子どもは公立の認可保育園に入ることができましたが、ここでも気になることがありました。それは保護者への負担がかなり多いことです。

たしかに公立の認可保育園ですから、広い園庭をはじめ、各種設備や保育スタッフの人員の配置はきちんとしていますし、経験豊かな保育士さんも多いので、その点は安心できました。

私が気になったのは、保護者がしなければいけないことの多さです。たとえば、保護者自身が週末に昼寝用のふとんカバーやシーツをはがして、週明けにまたふとんにカバーをかける作業、おむつすべてに名前を書き、使用ずみおむつを廃棄する袋を用意し、帰宅時にはそれを持ち帰るなどです。仕事を持つ親にとって、それらは明らかに負担です。カバーを持っていかなければならない月曜日など大荷物を抱えて保育園に送っていくことが当たり前でした。

なぜでしょうか——。それは保育を〝サービス〟として考えていないからだと思います。公立の認可保育園の職員は公務員ですから（または、自治体と直接アルバイト・パートなどの雇用関係にある人）、サービスをするという感覚はあまりないのかもしれません。保護者も認可だから設備や人員はしっかりしている。保育料も認可外に比べて安い。だからこのような負担は仕方がないと、半ばあきらめて預けています。

でも、保育園にお子さんを預けている大半の保護者は、働いているからこそ子どもを預けているわけです。

それなのに保育園に預けるには、いろいろな負担になることもやらなくてはいけない。私はそのような現実を見て、何とかならないだろうかと思いました。

さらに、公立の保育園では預かるだけで、専門的な情操教育などはほとんど導入されていません。保育園に通う時期は子どもたちの成長にとってとても大事なときです。その貴重な時期に、将来の成長に必要な教育が行われないことは、とても残念でした。

自分が預けたい保育園がないなら自分で作るしかない、娘を保育園に預けながら、そう思いました。

私の園の特徴

民間の事業会社として保育園経営をするのですから、最低限の利益を上げなければ経営の継続はありえませんが、私の園では自分が疑問に思ったことを解消すべく、以下のことをサービスとして提供しています。

まず、私の園では保護者への負担はほとんどありません。毎日の登園時に着替えを上下2組みとタオルを2枚持参してもらうだけです。ふとんカバーなどもリース業者に依頼し

Column 2

娘を入園させたい園がない！　それが、保育園を始めた動機

ていますから、保護者が毎週持ち帰る必要もありません。おむつも1パックごとに預かり、使用ずみのおむつも園で廃棄しますから、毎日おむつに名前を書く手間や使用ずみおむつを持ち帰る必要もありません。

また、前述したように、専門講師によるモンテッソーリ教育、リトミック、英会話、幼児体育なども毎日の保育園プログラムに取り入れています。

情操教育をしているからといって、そのための追加料金もありません。これらの費用はすべて私の会社で負担しており、保護者が別途負担する費用は一切ありません。

まだまだ改善の余地がある保育業界ですが、少しでも保育業界のお役に立てればと思い、日々、園児、保護者に対して何をしてあげられるだろう、と考えています。

STEP

4

運営の要、開園資金の目安と資金調達法、物件の選び方

場所とお金がビジネスの成功には重要！

保育園経営に限らず、ビジネスの成功には場所とお金は極めて重要です。適切な物件を見つけ、開業に必要十分なお金を得られれば、気持ちにゆとりを持って経営に向き合えます。

前著では主に認可外保育園の物件探しについてご説明しましたが、開業するエリアや物件のスペックには比較的自由度がありました。しかし小規模保育は自治体の管轄にあり、自治体から内装工事費は75％、保育料等は１００％補助金が支給されることから、認可外保育園に比べて立地や物件について厳しい条件が設けられています。

ＳＴＥＰ４では、小規模保育の物件の条件や見つけ方のほか、開業に必要な資金調達などについてお話しします。

開園を実現するために参考にしてください。

物件探しはチームで

自治体が開設場所と物件のスペックに厳しい条件を設けている

物件探しというと、街の不動産屋さんに行って希望を伝え、候補物件のリストを目の前に並べられるシーンを思い浮かべるかもしれません。しかし、小規模保育の物件探しでそれはありえません。

というのも、小規模保育の場合は、自治体から「大体ここの学区のどのへんで」や「○○駅の南口から300メートル以内で」など、開設場所の細かな指定があるからです。また園児一人当たり3・3平方メートル以上の屋外遊戯場（園庭やそれに変わる広場など）を設置する必要がありますが、近隣の公園で代替することも可能です。川崎市の場合は、「乳幼児同伴で徒歩10分程度が好ましい」としています。

物件のスペックについても、自治体が厳しい規定を定めています。たとえば東京都では、

「2方向に出口があること」や「2方向の出口がそれぞれ別の公道に接していること」としていますが、このような物件は多くありません。場所に制約がある中で保育園に適合する基準を満たした物件を探すわけですから、居住用物件のようにいくつも候補が出ないのです。同エリアに2物件あったら、相当に恵まれていると思ってよいでしょう。

保育園ビジネスはチーム戦

物件を探すには自治体が定める規定を理解している必要があるため、自分の力だけで相応しい物件を見つめるのは容易ではありません。基準を満たした良い物件は、条例をよく知る大手有名不動産業者や建築会社、私たちのようなプロの保育園経営企業に集まる傾向があります。そのため、一般の市場にはあまり出回ってこないことが多いのです。なので、私たちのように保育園の開業をサポートする存在が必要になってくるわけです。

そこで覚えていただきたいのが、**その道のプロに任せる**ということです。自力で物件を見つけるのは不可能ではありませんが、保育園経営者としてすべきことはたくさんあるので、物件探しに労力を注ぎすぎると、他の仕事に支障が出てしまうかもしれません。

保育園ビジネスは、物件を見つけてくれる不動産業者や保育園開業の支援企業、開業資金

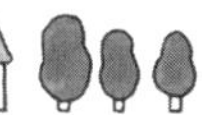

を融資してくれる金融機関、そして開業の許可をくれる自治体など、**複数が関わる、言わばチーム戦です。自分でなんでもしようとせず、わからないことや困ったことがあれば、事情に精通した人に頼る姿勢は大切です。**

特に、認可系保育園の申請には、独特かつ専門的なノウハウが必要となってきます。

運営の要、開園資金の目安と資金調達法

小規模保育を新規開園するには、多くのお金が必要です。開園には何に、いくらくらい費用が発生するかについてご説明します。

開園資金にいくら必要か―設備関係費―

必要な開園資金は「**設備関係費**」と「**運転資金関係費**」に大きく分けられます。何に対する費用がいくらくらい必要になるのか、具体例を見ていきましょう。

ここからは、実際に私たちがフランチャイズ契約を結ぶオーナー様へお渡ししている資料をもとに説明していきます。

①敷金・礼金

目安は、110万円（税別）

設備関係費は立地条件や内装のグレードによって、差が出てきますが、ここでは標準的なケースをご紹介していきます。

まずは、開園するために借りる物件の広さは、定員19人以下の小規模保育なので、50坪前後がお勧めです。また、物件の価格については、坪単価1万円～1万2000円を目安にするといいでしょう。その他、保証金（敷金）や不動産会社仲介手数料などと家賃の6カ月分くらいが必要になります。

坪単価1万円、広さは50坪と仮定して初期費用を算出すると、

- 敷金・礼金：110万円
- 仲介手数料：50万円（家賃1カ月分）
- 家賃の6カ月分：300万円

合計：460万円（税別）

となります。

②内装工事費

目安は、２５００万円（税別）

もともとオフィスタイプになっている物件を借りた場合、安全な保育室、出入口の下駄箱や園児用ロッカーの設置、調理室、乳幼児用のトイレなどを備えなくてはなりません。また、保育室は採光や換気の確保も求められています。これらの内装費用として２５００万円くらいはみておきたいところです。なお、内装工事費には自治体より75％の補助金が支給されます。実際の支出は６２５万円（税別）となります。

③備品・消耗品費（園児用机や椅子など）

目安は、２４０万円（税別）

備品は、次のように分類されます。

・園児用の机や椅子などの家具類
・食器類

・玩具、絵本など
・キッチン回りで使用する小物類（鍋釜類、キッチンペーパーなど）
・家電類（冷蔵庫やパソコン、プリンター、電話機など）

園児用の机や椅子、給食時の食器類などは安全面を考慮し、素材や形状にはこだわるべきです。

食器類については、大手メーカーの製品は高めですので、一般の家庭で使用する陶器の食器類がお勧めです。また、食器類は園児が直接口に触れるものなので、安全面を考慮すると、100円ショップなどで販売されている外国製のプラスチック食器は避けたほうがいいでしょう。

また、冷蔵庫やパソコンなどの家電製品についてですが、開園当初はリサイクルショップなどで販売されている中古品で十分だと思います。冷蔵庫も新品を購入すれば10万円くらいはかかりますが、中古品であればそれこそ1万円前後から購入が可能です。

このように、園児の安全のためにお金をかけるべきところはしっかりと、そうではないものについては中古品をうまく活用して、経費を抑えるなど、支出にはメリハリをつけてください。

これら備品の予算は240万円くらいをみておきましょう。参考までに、当園で開園の際に使っている備品リストを載せておきます。

図4-1 揃えておきたい備品リスト ～当園マニュアルより一部抜粋～

場所	備品	場所	備品
乳児室	園児用ロッカー	事務室	身長計
	吊り戸棚		体重計
	防災カーテン・ブラインド		空気清浄機
	ベビーベッド	洗濯・浴室	作りつけ収納棚
	ベビーラック		掃除用品
	乳児用椅子		洗面器
	おむつ		洗濯乾燥機
	遊び用おもちゃ	キッチン	作りつけ食器棚
	布団		さいばし
	バスタオル		包丁
	タオル		ボウル
	おんぶ紐		ふきんハンガー
	プレイジム		子ども用食器類
幼児室	園児用ロッカー		哺乳瓶
	吊り戸棚		まな板
	防災カーテン		包丁
	コートフック		鍋類
	粘土セット		おろし器
	玩具セット		台ふきん
	文具セット		食器ふき
	本		冷蔵庫
	布団		電子レンジ
	子ども用椅子		電気ポット
	テーブル		炊飯ジャー
	CDラジカセ	トイレ	タオルハンガー
エントランス	下駄箱		ホルダー
	傘入れ		ハンドドライヤー
	時計		掃除用品
	タイムカード機		スリッパ
	サンダル		おまる
事務室	収納ロッカー	園庭	大型遊具
	吊り戸棚		簡易プール
	椅子		お散歩カー
	引出しの棚		物干しラック
	防災用品		お砂場セット
	計算機		ホース
	掃除機		芝刈り機
	電話機		洗濯ばさみ
	救急箱		ハンガー

④広告宣伝費

目安は、45万円（税別）

これは、保育士の募集にかかる費用です。

⑤ホームページ制作費

目安は、18万円（税別）

前述②（P.96）でも説明したとおり、内装工事費には自治体より75％の補助金が支給されます。2500万円かかる場合、1875万円の補助があります。つまり、開園資金の目安として、合計で1038万円を用意すると良いでしょう（図4-2参照）。この内訳は、たとえば300万円～500万円ほど自分で用意し、残りは政府系金融機関の創業融資などで賄うことができます。

図4-2 開園資金の目安

合計金額10,380,000円（税別）	
◆支出の部	
●広告宣伝費	
保育士募集広告等	450,000円（税別）
●ホームページ制作費	
写真販売システム込	180,000円（税別）
●内装工事費	
設計・施工、看板代・デザイン代 （物件により異なります）	25,000,000円（税別）
●敷金・礼金	
物件により異なります	1,100,000円（税別）
●備品・消耗品費	
園児用イス・テーブル、調理用品、 事務用品等	2,400,000円（税別）
◆収入の部	
●内装工事に係る補助金	
内装工事費の3/4が自治体から給付されます	18,750,000円（税別）
合計金額	10,380,000円（税別）

出典：スクルドアンドカンパニー

月間の収支モデル

次に、月々の運転資金と補助金の額、最終的に手元にいくら残るかのモデルケースを見ていきましょう。

支出は、人件費、事業費（給食費や土地の賃借料など）、事務費の3つに分けられます。

園児19人とした場合、主な運営資金（1カ月）の内訳は、以下の通りです。

①人件費（273万5000円：税別）

運営資金のうち約8割と、もっとも大きな比率を占めるのが人件費です。スタッフの数は園児の年齢や人数により変わってきますので、開園当初の園児の人数が少ない時期には、保育スタッフの人数も当然少なくなり、その分人件費は抑えることができます。

開園後、月を追うごとに通常は園児の人数も増加していきますので、単純計算はむずかしいのですが、園児19人の場合、開園後の1カ月間の人件費は、およそ次のようになります。

・職員給料：143万円（税別）

・非常勤職員給料：92万8000円（税別）
・法定福利費：37万7000円（税別）
合計：273万5000円（税別）

②**事業費**（59万6000円：税別）

水道光熱費などが含まれます。

③**事務費**（5万3000円：税別）

福利厚生費や事務消耗品費、求人広告費などが該当します。

①〜③を合計すると、月に338万4000円の支出が発生します。

一方で、収入は利用者等負担金と補助金の2つです。合わせると439万1000円ありますので、そこから支出を差し引くと、100万7000円が利益として手元に残ります。

図4-3 月間モデル収支

月間モデル収支		園児19人の場合	（すべて税別）
収入		利用者等負担金	¥573,000
		補助金収入	¥3,818,000
		収入計	¥4,391,000
支出	人件費支出	職員給料	¥1,430,000
		非常勤職員給料	¥928,000
		法定福利費	¥377,000
	事業費支出	給食費	¥77,000
		保健衛生費	¥35,000
		保育材料費	¥60,000
		水道光熱費	¥40,000
		消耗器具備品費	¥48,000
		保険料	¥12,000
		土地・建物賃借料	¥324,000
	事務費支出	福利厚生費	¥19,000
		事務消耗品費	¥11,000
		検査委託費	¥3,000
		求人広告費	¥10,000
		その他雑費	¥10,000
		支出計	¥3,384,000
		営業利益	¥1,007,000

※この収支モデルはあくまでも一般的な目安数値のため、いかなる形でも保証するものではありません。

出典：スクルドアンドカンパニー

創業の際の資金調達

本書は、小規模保育の開設を目標にしています。**認可系保育園の場合、認可が確定してからの開園となります。そのため、事前に融資を申請することはなく、認可確定後に融資申請をすることになります。**

認可外保育園、認証保育園のように、まず保育園を認可外で開園し、一定期間、運営実績を積んでから、認証を申請するわけではありません。

当然、開園に向け準備をする必要はあります。テナントを例にとると、弊社では「認可が下りたら正式な賃貸借契約をする」条件で大家、仲介会社と交渉します。当初は弊社のFC加盟料しか必要な資金はありません。

つまり、認可系保育園では、開園後、認可が下りないことはないのです。そのため、認可を証明する「**採択通知**」が大切なエビデンスとなります。資金調達でも同様です。ちなみに、弊社の場合、これまで融資を断られたFCオーナーは一人もおりません。

このことを念頭に置いたうえで、新たに保育園事業を創業するケースを想定して、資金調達の方法について説明していきます。

起業には多くの資金が必要です。すべてを自己資金でまかなえればいいのですが、なかなかそうもいかないのが現実でしょう。私の会社が保育園の創業をお手伝いする場合も、その多くが自己資金以外に、借入れをして保育園を開園しています。

よく使われる資金調達法

創業する際の資金調達方法としてよく使われるのが、以下の2つです。

①　日本政策金融公庫

②　信用保証協会の保証承諾による金融機関融資

①の**日本政策金融公庫**とは、銀行などの金融機関を補完し、国の政策に基づいて、中小企業に対する長期事業資金の貸付け、個人事業者に対する小口の事業資金の融資、創業支援などを行っている政府系の金融機関です。民間の金融機関が融資してくれないときには強い味方となります。

②は保証人を見つけることがむずかしい中小企業が、金融機関から事業資金の融資を受ける際に、信用保証協会が「公的な保証人」となることで、融資を受けやすくする制度です。

信用保証協会（以下、保証協会といいます）とは、中小企業者などが金融機関から事業資金の融資を受ける際に、「公的な保証人」となって、融資の円滑化を図ることを目的として設立された認可法人です。

保証協会は各都道府県に1協会ずつある他、横浜市、川崎市、名古屋市、岐阜市にはその市を対象範囲とする保証協会があるので、全国で51の保証協会があります。

保証協会は初めて起業する際には、頼もしい味方です。万一、返済ができなくなっても保証協会が融資申込人に代わって、金融機関に返済をしてくれます（代位弁済）。

図4-4 信用保証協会のしくみ

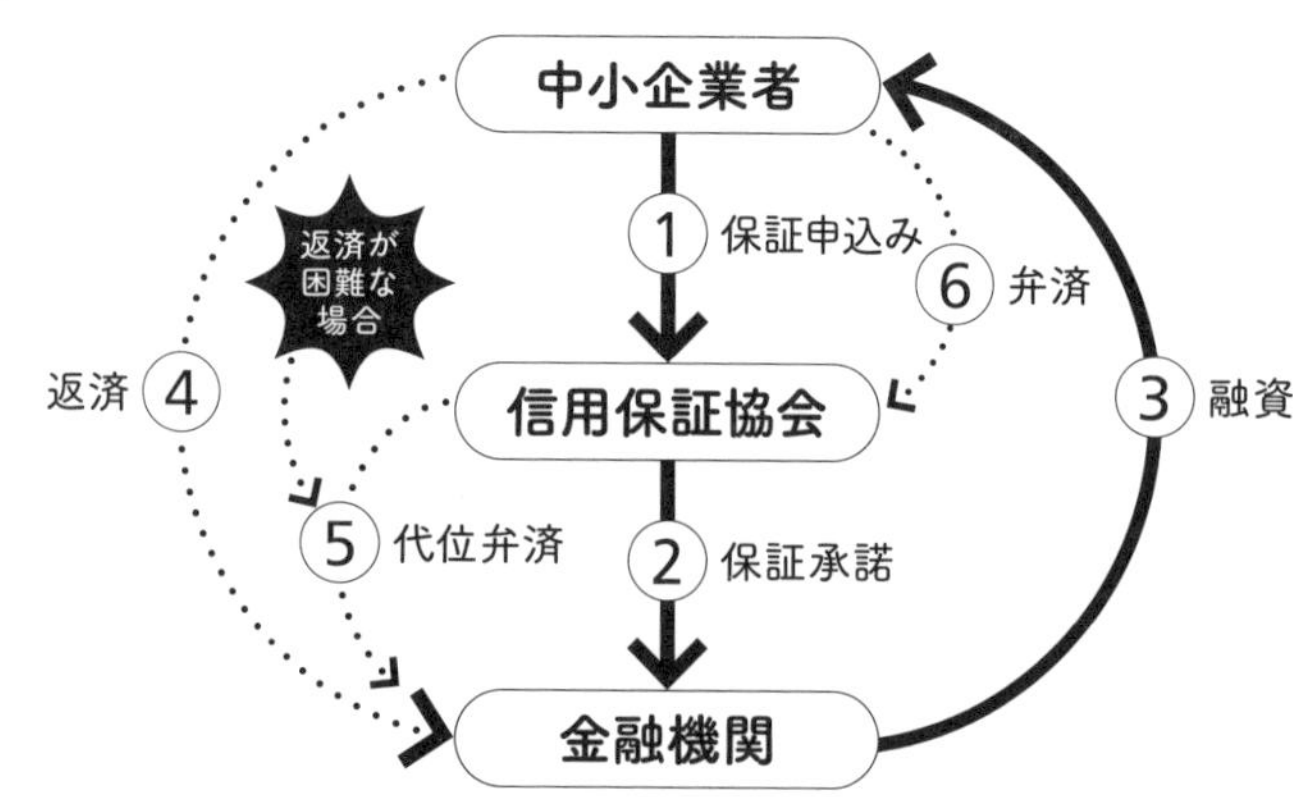

ただ、借金が免除されるわけではなく、代位弁済のあとは、保証協会との間で新たな返済計画を立て、返済していくことが求められます。
利用条件や融資限度額などは、各保証協会によって違いますので、ご自身が利用しようとする際は、該当の保証協会に確認してみましょう。

創業融資の審査ポイント①
――自己資金――

私の会社では、これまでに多くの保育園開園のための融資サポートをしておりますが、「創業融資」の場合は、特に次の4点が非常に重要な審査ポイントになります。

① **自己資金**
② **事業計画**
③ **人間性**
④ **認可が下りたことを証明する採択通知の有無**

以下、これら4つの重要ポイントを見ていきましょう。まずは自己資金からです。

２０１４年から大きく制度が変わった！

自己資金とは、創業するにあたり必要となる総事業資金のうち、**借入れに頼らず自分で用意する資金のこと**をいいます。

２０１４年に国の方針として、起業を促進するために日本政策金融公庫（以下、公庫といいます）の融資制度が大きく変更となりました。

具体的な変更点としては、

⑴ **自己資金比率の緩和**：希望する融資総額に対して必要となる自己資金割合がこれまでの3分の1から10分の1へ大幅に減額

⑵ **融資総額上限額の増額**：１５００万円から３０００万円に増額

これは、一見すると創業融資に対する審査基準の緩和とも見受けられますが、現実はより審査基準はシビアになっています。実際には**自己資金割合は3分の1は必要**だと考えてください。事業をおこすものとして最低限必要な心構えになります。

金融機関が自己資金額にこだわる理由

創業を検討されている方の中には、全額公庫などの融資を利用すればよいではないかと考えていらっしゃる方もいるかもしれませんが、なぜ金融機関が自己資金の額にこだわるのかを説明をしておきます。

起業する場合には、事前に入念な調査をし、業界動向を読み、創業後の資金計画を綿密に検討し、「営業方法」「売上予測」「予算管理」など、さまざまな事態を想定した計画が必要となります。

当然、借入れをする場合にはその返済をしなければなりませんから、毎月の売上げから、どの程度の返済が可能であるか、周到に計算をしておく必要があります。

これらの一連の業務は、あくまでもデスクプランではありますが、**起業するオーナーには多方面にわたる計画性と、入念な準備を行う能力・熱意が求められます。**

予定される総事業資金の中で自己資金比率が高ければ、当然、毎月の返済額も少なくてすみ、キャッシュフローは楽になります。そうであれば、できるだけ借入れ金額の比率を下げ、自己資金を多く準備する必要がありますし、新たに事業を始めようとする方であれば、事前準備の段階から事業を行うための自己資金をコツコツと貯金する努力を行うことは、当然の準備作業の1つとなります。

この自己資金を数年前から**創業に向けて「コツコツ」と計画的に貯金を継続していく**、その熱意と努力をしている姿勢が、金融機関の融資担当者に評価されるのです。

一事が万事、事前準備もせず自己資金を準備する努力もせず、いきなりすべて借入れで安易に事業をスタートさせたいと考える人には、誰も融資をしたいとは思わないでしょうし、そのような姿勢で簡単に成功できるほど、事業は甘いものではありません。もし本気で保育園事業をしたいと思う人であれば、ある程度の自己資金はあるはず。額の差はあっても、ゼロはありえないことではないでしょうか。

見せ金は厳禁

また、自己資金が用意できないからといって、一時的に友人知人からお金を借りたり、カードのキャッシングなどで調達し現金を自分の口座に入れて自己資金としたりする、いわゆる**「見せ金」を作ることは、絶対にやめてください。**

金融機関の融資担当者はプロです。融資の申請内容にウソがないか、本人のその自己資金が本当に自身でしっかりと貯めてきたものか、個人の口座を過去6カ月~1年程度はさかのぼって確認しますので、すぐにバレてしまいます。

そして、「見せ金」だとバレた時点で、公庫からの融資は受けられなくなってしまいます。

ただし、家族や親族からの資金提供（返済義務のない資金援助）については、原則自己資金としてみなされるケースがほとんどですので、どうしても自身だけでは自己資金が足りない場合は、ご家族に相談されてはいかがでしょうか。

創業融資の審査ポイント②
――事業計画――

事業計画書は、あなたの事業についての熱意を具体的な数字で伝えるもので、融資担当者がその事業の可能性を審査するうえで、重要な書類となります。そのため、入念に計画し、作成する必要があります。

公庫のひな形をそのまま使用しないで！

事業計画書のひな形は公庫のホームページからダウンロードできますが、私がこれまでサポートさせていただいた経験から言うと、このひな形をそのまま使用することはやめたほうがいいです。

その理由としては、これから創業をしようとしている事業に対する「熱い思い」を真剣に相手（融資担当者）に伝えるためには、このひな形のスペースでは、とても表現しきれないからです。

しかし、公庫のひな形も融資担当者が必要としている項目になりますので、まったく無視するわけにはいきません。

熱意を伝える方法

私がお勧めしているのは、項目に沿ってワードでイチから作り直し、**より強調したい箇所については追加加筆**し、また公庫から求められていない資料も事前に十分に準備して、**追加参考資料**として提出するようにすることです。

具体的に言いますと、基本的には次の資料を申請時に準備してもらいます。

- **開業動機・目的、将来的なビジョン**
- **資金計画書**
- **収支計画書**
- **返済計画書**

・申請者の履歴書と職務経歴書
・自己資金を証明できる金額の入金された銀行口座の通帳の原本とコピー
・申請者の過去1年間の通常使用している銀行口座の原本とコピー
・親族等から自己資金として資金援助をしてもらった場合は、その親族の銀行口座のコピー
・開園を予定しているテナントの資料一式
・身分証明書（運転免許証や住民票等）のコピー

通常の融資申請時には、ここまでの資料提出を求められることはほとんどありませんが、これだけの資料を最初から準備して持参することで、**融資担当者にこちらの熱い思いや熱意を伝える**ことができます。また、あらかじめコピーを用意するのは、相手にコピーの手間をかけさせないための配慮でもあります。

融資申請時にここまできっちりと準備をすれば、必ずその熱意が融資担当者に伝わることでしょう。

創業融資の審査ポイント③　——人間性——

融資申請時に「人間性」という言葉が出てくることに違和感を覚える方もいるかもしれませんが、創業融資にはきわめて大事な要素です。

事業計画書はデスクプランにすぎない

開業して決算を2回、3回と迎えている企業であれば、融資時には決算書を提出すれば、それだけでその企業の実力が一目瞭然ですので、融資担当者も容易に審査できるでしょう。

しかし、創業融資については、いくら立派な事業計画書を作成しても、**所詮は「デスクプラン」であり「カタログデータ」でしかありません。**つまり、金融機関が最も重要視する「実績」がないわけです。

では、金融機関が創業融資審査時に最も重要視するものは何でしょうか——。それは、**創業者が人間的に信頼できる人かどうかという「人間性」**です。

事業そのものに対する評価ももちろん大切ですが、それを経営するあなたが誠実に約束を守る信頼に足る人物かどうかが重要なカギとなるのです。

創業融資の審査ポイント④ ——採択通知の有無——

認可系保育園を開設する際、最も大切なお墨つきとは

実際、認可系保育園の創業融資で一番重要なのは**採択通知の有無**です。行政から提出許可がおりるもので、いわば〞合格通知〟。保育園の認可を得た証明になります。金融機関が融資を行う際の絶対的なエビデンスとなり、これを元に補助金などが支払われます。

特に内装工事費は開園資金の大きな割合を占めます。設計・施工、看板、デザインなど、物件により異なるものの、数千万円程度が必要になるのです。その点、採択通知は認可の証明になるため、内装工事費の75％は自治体に補助されます。全体の4分の3が担保されるわけで、金融機関にとって非常に強い安心材料なのです。

採択通知は国のバックアップを立証するので、これさえあれば、よほどのことがない限り融資を断られることはありません。

できるだけ早く採択通知を得て、開園へ歩みを進めていきましょう。

開園資金については、大まかなところでおわかりいただけましたか？　次のＳＴＥＰからは、具体的に開園のノウハウについて説明していきます。

採択通知の有無が
資金調達で
非常に重要

ＳＴＥＰ４　まとめ

保育園事業成功には場所とお金が極めて重要

1　物件探しはその道のプロに任せよう
2　開園資金、運営資金の目安をしっかり押さえよう
3　自己資金はなるべく多く
4　事業計画により、熱意と人間性を伝える

STEP

5

まずは小規模保育からスタート

―開園準備―

優秀な保育士を採用できるかが、保育園経営成功の秘訣

小規模保育では、自治体が園児の募集をしてくれます。しかし、**保育士の募集は経営者が行わなくてはいけません。**「0歳児3人に対して保育士1人、1～2歳児6人に対して保育士1人」を配置する決まりがありますので、「保育士を確保できませんでした」では済まされません。

私は長年保育園経営に携わっていますが、保育士の採用はまさに競争だと感じます。ここで保育士の有効求人倍率の推移を見て見ましょう。2017年(3・40)、2018年(3・64)、2019年(3・86)となっていて、年々上昇傾向にあります。2020年7月には低下したものの、同年の全業種平均(1・05)と比べると依然として高いことがわかります。特に人口が密集する東京都や大阪府は他道府県に差をつけており、保育士の「取り合い」が起こっているのです(図5-1)。

良い保育園を作るには、保育士の質を高めることが絶対に必要です。STEP5では、保育士の採用に焦点を当ててお話しします。

図5-1 保育士の有効求人倍率の推移（全国）

○直近の2020年7月の保育士の有効求人倍率は2.29倍（対前年同月比で0.39ポイント下落）となっているが、全職種平均の1.05倍（対前年同月比で0.50ポイント下落）と比べると、依然高い水準で推移している。

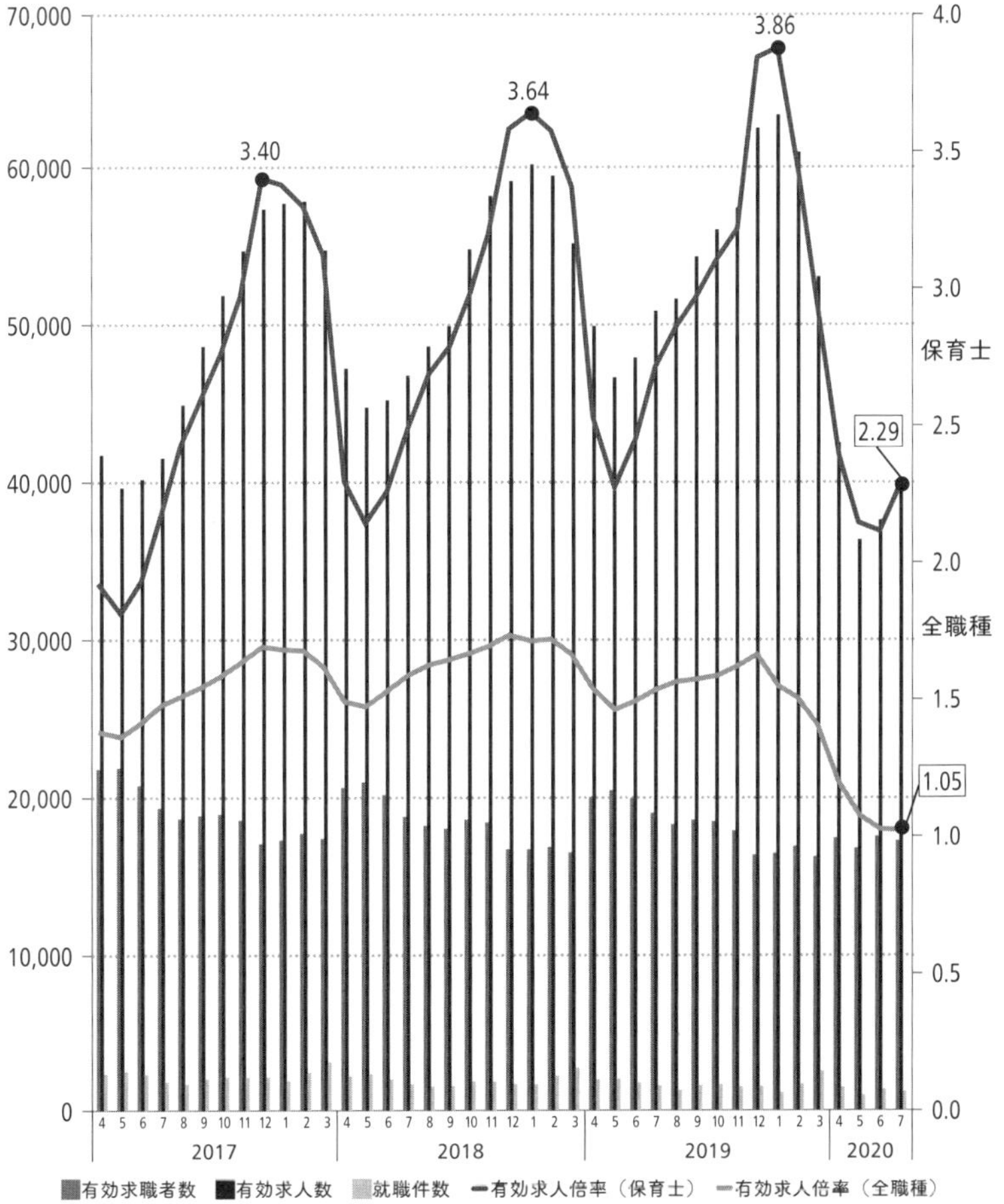

■有効求職者数 ■有効求人数 ■就職件数 ━有効求人倍率（保育士） ━有効求人倍率（全職種）

※保育士の有効求人倍率について、各年度の最も高い月の数値を記載している。
※全職種の有効求人倍率は、実数である。

出典：一般職業紹介状況（職業安定業務統計）（厚生労働省）

園長の採用で、成功の8割が決まる

良い園長の3つの条件

まず、現場を任せるスタッフの採用で最も重視すべきなのが園長です。私は「**良い園長を採用できれば、保育園経営はうまくいく**」と考えています。園長が現場で働く保育士を指導するわけですから、しっかりとした園長がいる保育園は保育士同士の仲が良く、園児に真摯に向き合い質の高い保育を行っているものです。私は、第一に優秀で信頼できる園長を採用し、保育士の採用についてはある程度任せています。それほどまでに園長の責任は大きく、現場に与える影響も強いのです。

良い園長を採用するポイントは、以下の3つです。

・能力があるかどうか
・誠実で素直な人柄かどうか
・経営者が好きになれる人かどうか

園長としての実績が長ければ、保育や保護者対応などさまざまなケースを経験しており、安心して任せることができます。

しかし誠実さ、素直さも大切です。自分の考えややり方にこだわってしまい、経営者や保育士の意見に耳を傾けないようでは困ります。素直に「はい」と言える柔軟性がある方が良いですね。

最後の「経営者が好きだと思えるかどうか」は語弊があるように見えますが、保育園経営は人ありきのビジネスです。「誰と一緒に働くか」を意識することは、極めて重要な視点です。

これは私が経営する会社組織のナンバー2、ナンバー3を採用するときに最も重視していることです。どんなに優秀な人でも、経営者が「なんだかこの人は感じが悪いな」と思っていては、一緒に気持ちよく仕事はできません。採用時、人間性は絶対に見るべき重要なポイントなのです。

良い園長は、自治体からの信頼を勝ち取る

ここで、園長の存在がいかに大切かを示す、ある園のエピソードをご紹介します。その園は自治体からの評判がすごく良いのです。

小規模保育には、自治体から定期的に指導監査が入ります。指導監査とは、自治体が認可した小規模保育の設備や運営に関する基準が守られているかを確認することです。

その園の園長は細かなところまで気配りができる人で、掃除はすみずみまで行き届いています。下駄箱に至っては、小さいほうきとちりとりで砂一つないほど掃除を徹底しているのです。

園長のこうした姿勢に自治体の保育課担当者は感心し、「自治体で一番素晴らしい園です」「まったく何も指摘することがない」と評価されました。

細部にまで気を配りしっかりと保育園経営をしていると、自治体からの信頼が増します。そうなると経営者の評価も高まりますから、今後同じ自治体で別の保育園開設を勧めてくれるようになるかもしれません。繰り返しますが、小規模保育の許認可権は自治体にあります

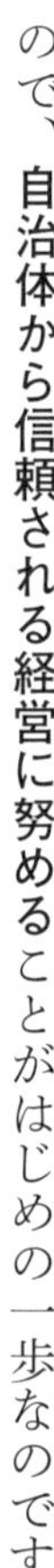

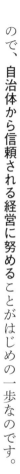

ので、**自治体から信頼される経営に努める**ことがはじめの一歩なのです。

保育士とのコミュニケーションを意識して

経営者と現場の仲が良い＝良い保育園

園長の採用が重要であることは先に述べた通りですが、普段園児や保護者と接するのは保育士です。保育士が気持ちよく働ける環境を作るのは、経営者の役割です。なかでも意識して欲しいのが、保育士とのコミュニケーションです。

極論を言えば、いい保育園は保育士同士、もしくは園長と保育士、運営会社と保育士の関係が良好です。

最悪なのが、会社と保育園が敵対関係になってしまうケースです。保育士がピリピリして、園の雰囲気が非常に悪くなるのです。

そうしたムードは園児や保護者に伝わってしまうもので、「子どもを預けて大丈夫かな

……」と不安を抱かせてしまうのです。

私は保育現場に出向くとき、お菓子やケーキを持って「いつもお疲れ様」と一言声をかけて、日頃の働きを労うようにしています。

また時間を作って、**保育士の話を徹底的に聴く時間を設けることも非常に重要**です。

保育士との良好な関係は、良い保育に繋がる

本書でも何度か触れているとおり、当社が運営する保育園では、保護者の負担を軽くするために紙オムツや布団などを園側で用意しています。

保護者に代わって紙オムツに園児の名前を書くことなどは、保育士の負担になります。布団のマットやカバーなどは専門のリネン業者と契約し、シーツの洗濯やマットの交換などは専門業者が定期的に行います。それでも保育士に気持ちよく仕事をしてもらうためには、普段からどれだけコミュニケーションを取り、お互いに信頼関係を構築できているかが重要なのです。一般の会社では業務命令で通ることも保育園では一筋縄ではいきません。**理屈だけではなく気持ちや感情を重視したコミュニケーションを心がけましょう。**

日頃のやりとりだけでなく、働きに見合う対価を支払う必要があることは、言うまでもあ

りません。

STEP3で、緊急事態宣言発令時、経営者が保育士に給与を満額支払わなかった事例を紹介しました。

これは絶対に避けるべきことです。

保育士間のネットワークを介して、「あそこの法人が経営する保育園は待遇が良くない」といった評判が瞬く間に広まり、採用で苦戦することになります。

採用にはどんな方法がある？

では、保育士の採用はどうすればよいのでしょうか？

私たちがよく行っているのが、**自社の保育士からの紹介**です。紹介には責任が伴いますから、信頼できない人物を誰かに薦めません。一般企業でもレファレンス採用がありますが、それと同じやり方を当社でも採っています。採用となった場合、パートで入職したら何円、正社員だったら何円といった感じで、紹介者に心づけの気持ちでお礼をしています。

もちろん紹介は採用方法の一つにすぎません。求人サイトやハローワークを使うこともありますし、新聞の折り込みチラシを活用するケースもあります。どんな媒体を使うかは、地域によって使い分けています。ある地域では折込チラシのほうが反応が良いことがあります。

専門求人サイト

インターネット上で求人情報を閲覧していくため、他の媒体よりは多くの情報を提供することができるのがメリットですが、今は保育士専門の求人サイトも多く、同業他社との間で、少しでも差別化を図る必要があります。

折込み広告・フリーペーパー

地域限定で出稿できるのがメリットです。地元で仕事を探している人には最も効果があります。折込み広告は、インターネットとも連動しているのでお勧めです。ただ、地域限定の要素があるので、1回の掲載では反響がないこともあり、数回掲載をする必要がある場合もあります。

ハローワーク

無料で掲載できますので、コスト面のメリットは大きいと言えますが、近年は保育士ニーズが増えているので、ハローワークに掲載しても応募はそれほど多くはありません。

媒体の特徴をある程度把握できたら、求人広告を出す際のポイントを押さえてください。

- **給与・時給は地域相場を調査したうえで決定する**
- **保育士資格が必要か、あるいは資格がなくてもいいのかを明記する**
- **開園前（工事中）のため、転送電話もしくは携帯電話を掲載する**

・折込み広告は週末に掲載されるので、土日も電話が受けられる準備をしておく

応募の連絡の受け漏れがないように準備しておきましょう。

応募で見るポイント

面接までの注意点ですが、私の園では以下のポイントを押さえながら受付をしています。

□電話の受け答えを重視。年齢・性別等より明るく元気な応対ができている人を優先的に面接する

□面接場所は工事中であっても保育園内で行う

□保育士資格を持っている人から面接する（看護師・幼稚園教諭等は保育園経験があるかどうかを確認してから判断する）

□認可系保育園の経験の有無

□最寄駅がどこかもチェックする。通勤時間や交通費の支出も計算する

□資格がなくても保育補助経験者は戦力になるので、応対に問題がなければ面接する（小規模

保育にはA型、B型があります。A型は保育士全員が有資格者である必要があります。B型は保育士が有資格者でなくてもかまいません。ただし最近、A型での開園を求められるケースが多くなっています）

□勤務時間や出勤回数に制約がない人を優先

□ピアノが弾ける人も優先。保育士資格があっても苦手な人は多い

一般的には、求人受付簿を作って記録することが多いです。この受付簿に、問い合わせがあった人の必要事項を書いておきます。また、留守番電話やメールも忘れずにチェックしてください。

面接で見るポイント

続いては面接時の注意点です。面接には自身で聞いておきたい点をまとめ、チェックシートのようなものを作って臨みましょう。スクルドエンジェル保育園で使っているチェックシートの内容を図5-2にまとめました。参考にしてみてください。

面接時には入園案内のパンフレットなどで園のコンセプトなどを説明します。園のことをわかってもらったうえで入職してほしいからです。

採用にあたっては応募者がたくさん来た場合や、採用判断がつかず、もう一度話を聞いたほうがいいと思う人については、2回面接するのもいいでしょう。ただ、私は、1回の面接で決めることにしています。これまでに何百人と面接してきた経験から、10分もあれば、応募者のだいたいのことは感じ取ることができるからです。私が重要視しているのは、「**人間性**」と「**私の園の雰囲気に合っているか**」です。

合否の結果は辞退者や追加募集の可能性も考慮したうえで、1週間程度の余裕を見てから伝えるようにします。ただ、「この人ならば大丈夫」と思った人には、その日のうちに連絡をすることにしています。

保育園運営全般にも言えることですが、**杓子定規な対応でなく状況に合わせた柔軟な対応が求められます。**

図5-2 当園の面接チェック内容（一部抜粋）

- ✓保育士資格の有無
- ✓面接の時間は守れたか
- ✓礼儀正しいあいさつをしたか
- ✓明るい印象か
- ✓声の大きさ
- ✓保育士勤務経験
- ✓認可系保育園勤務経験
- ✓保育補助の経験
- ✓ピアノは弾けるか
- ✓保育実技で得意なこと
- ✓パソコンは使えるか

チェック項目を作り、
見るべきところをしっかり見ましょう！

また、私の園では採用が決まった保育スタッフに、スクルドエンジェル保育園の運営方針を理解してもらうための研修を行っています。その中で、マナー研修をしっかり行い、保育スタッフとしての心がけ、職場のルールなども伝えています。

応募前に園を見てもらうのも一つの方法

過去の採用での出来事をご紹介します。私はあるエリアで小規模保育を開設し、保育士の採用を試みたのですが、全く集まらなかったことがあります。私も出向いて応募者を面接しました。求人票には「残業ゼロ、持ち帰り仕事はなし、もし残業があれば当然基準通りの額の残業代を払います」と書きました。待遇は良いのですが、現地の保育士たちからは「絶対にあり得ない」と言われたのです。

理由を調べてみると、その地域では保育士の長時間労働が当たり前で、給料は安く、持ち帰り仕事は当たり前だったのです。東京の会社が運営する保育園の求人なので、警戒していたようです。

そのため私は、「会社で飛行機代とホテル代を出します。1泊2日でご招待しますので、弊社直営の保育園を一度見てください。園長や保育士と会って、園の見学を兼ねて話を聞いてみてください」と、東京で運営する保育園に招待したのです。

応募者のみなさんは実際に園長、保育士に話を聞き、求人票に書かれていたことが本当であることがわかり、驚いていました。応募者の信用を得るために、このような見学ツアーを行うのも一つの方法です。

STEP 5 まとめ

良い保育園をつくるためには園長・保育士の質を高める

1 できる園長の採用を最優先に考えよう
2 保育士とのコミュニケーションを徹底的に意識する
3 園長も保育士も採用時に重視するのは「人間性」

園の雰囲気を
創り上げるのも、
オーナーの大切な役割

Column 3

場所が決まって、すんなり開園できる人、できない人

認可系保育園を開く場所は自治体が指定

認可系保育園の開園場所は、運営者が勝手に決めることはできません。園児が増え続け、減少が見込まれない場所を、行政が統計データから分析します。そのうえで学区ごとに開園にふさわしい場所を選び、「●●駅の××」などと、具体的な開園エリアを指定してくるのです。

運営者は行政からの指定エリアで該当物件を探し出し、開園準備に入っていきます。

ですので、場所のマーケティングとしては、自ら調査するのではなく、行政のお墨付きを得た地域で、適切な物件を探し出すというイメージでしょうか。

できない理由を探す人はいつまでも開園は無理

物件が見つかっても、とんとん拍子に開園できる人とそうでない人がいます。その違いは何でしょうか。私はできない理由を探す人はいつまでも開園は難しいと考えています。

「このエリアはあまり好きじゃない」「この物件は気に入らない」とか、個人的なこだわりにとらわれて機会損失するのです。

保育園開設の基準に合った物件が見つかっても、みすみすチャンスを逃すわけです。

指定地域に基準をクリアする建物は1件あればいいほうです。2件も出れば珍しいぐらいです。

そこで、素直に機会を活かそうと思える人が成功を勝ち取れるのです。

成功と失敗を分けるのは当事者意識だと思います。人任せにせず能動的に動けるかがカギを握ります。

そもそも、認可系保育園事業は、国からの補助が得られます。

採択通知さえあれば、開設せずとも認可を得られるわけですから、リスクは普通のビジネスよりも少ないのです。

STEP

6

スクルド式保育園運営法

乳幼児期は成長に非常に重要な時期

2009年に文部科学省の発表した「**幼児教育の無償化の論点**」によると、大脳生理学の発達によるアプローチから「**人間の脳は3歳までに80％、6歳までに90％、12歳までに100％完成する**」としています。乳幼児期は、人間の発達に重要な時期なのです。保育園では成長が著しい0歳〜2歳児を預かるので、保育方針やカリキュラムをしっかりと組み立てることが大切です。

また保育利用時間は、「**保育短時間**」の8時間と、「**保育標準時間**」の11時間の2つに分かれます。保育園はお子さんが最大で11時間を過ごす場所ですから、保育環境の整備は極めて重要なのです。

STEP6では、スクルドエンジェル保育園で取り入れている運営方法や教育カリキュラムについてご紹介します。参考にしてみてください。

保育園の運営内容はどのように決めるべきか

保育園の運営内容については経営者の思い、理念によって決めればいいと考えています。まず、保育園を始めるにあたって、私の根底にあったのは、「**自分の子どもだったら何をやらせてあげたいか**」ということでした。これに基づいてコンセプトを決定しました。

当園では、以下の3つの項目に分けて幼児教育プログラムを組んでいます。参考にしてみてください。

人格形成について

人格形成についての取り組みは、いわゆる情操教育で、そのために導入したのが**モンテッソーリ教育**です。近年では、棋士の藤井聡太さんが幼少期に習っていたとして話題になりましたね。

モンテッソーリ教育は、約100年前にイタリアの女性医師マリア・モンテッソーリによって導かれた教育法です。彼女は、子どもひとりひとりをよく観察することによって、子どもは自立に向かって自らを高めようとする力を持っていることに気づきました。

モンテッソーリ教育は、自立した子どもを育てることを目的とし、子どもの自主性を尊重しながら、その要求に沿って、子どもの自発的な活動を援助します。子どもの「自分でできるようになりたい」という生命の衝動に合わせて、適切な時期に適切な援助を行うことで、穏やかで忍耐強い知性をそなえた人格が形成されると言われています。

日常生活の立つ、座る、歩く、つまむ、折る、切る、縫うなどの運動、あいさつ、マナー、身だしなみなどが教育内容として組み込まれています。また、教具を使って、五感を刺激し、概念形成の手助けをします。その他、言語、数についての感覚も身につけていきます。

音楽教育の中に身体表現を取り入れたリトミックも行っています。リトミックとは、スイスの音楽教育家ダルクローズが、教鞭をとっていた音楽大学の学生の表現力をより豊かにするために創案した音楽の教育法です。

音感やリズムの訓練を「頭でなく体で」体験することで、繊細で鋭敏な感性を呼び起こすことから、欧米では音楽以外のあらゆる芸術表現（ダンス、演劇など）の基礎としてなくてはならないものとなっています。また間接的に、**集中力や創造力、社会性を育てる**ことにもなるため、日本では幼児の情操教育として注目され、音楽療法にも取り入れられています。

リトミックによって育まれる力や効果は、決して目には見えません。しかし、音に合わせて体を動かすことで、子どもたちはみずみずしい感性のシャワーを受けているのです。そうすることで、自分と違う価値観、文化を受け入れ、また自らの意見を他者に伝えようとする豊かな力が湧き出てくるのです。

モンテッソーリ教育で使用する教具

音楽に合わせて体を動かすリトミックの時間

リトミックを土台に、他者とのコミュニケーション力を音楽で育てる。それがリトミックの教育目標です。

また、当園では、どの園も電子ピアノではなく、アップライトピアノを配置し、本物のピアノの音でリトミックに取り組んでいます。

英語を身につけるための環境の提供

2つ目は、**英語を身につけるための環境を提供する**ことです。2020年度から学習指導要領が変更され、小学校での英語学習が必修化されました。文部科学省の「今後の英語教育の改善・充実方策について」では英語教育改革の背景として、「**グローバル化の進展の中で、国際共通語である英語力の向上は日本の将来にとって極めて重要**」としています。定期的に保護者に対して行うアンケートでも、英語教育を望まれる方は多いです。

私の経営する園では、外国人講師による英語プログラムを週に1回行っています。このプログラムでは楽しい遊びを通して、英語への好奇心と自信を育み、インターナショナルな考え方を学びます。

冒頭でご紹介した通り、人間の脳は3歳までに80%完成します。「幼児教育の無償化の論点」

の中では、次のことも明記されています。

「7歳頃までに米国に移住した外国人の平均英語スコアは高くほぼネイティブに近く、移住時年齢が成人に近づくにしたがって低下してゆく」

つまり、保育園が預かる乳幼児期は、音や言葉に対する感受性が非常に鋭く、音の微妙なニュアンスやリズムもスムーズに受け入れられるのです。だからこそ、私の園では脳にとって音や言葉を受け入れやすいこの時期を逃したくないと考え、乳幼児期に外国人講師との交流を持つ機会を提供することにしています。

外国人講師による英語プログラムの時間

健康的な身体・精神の育成

3つ目が**健康的なからだづくり**です。幼児体育の専門の先生に来ていただいています。保護者の要望が多くあったこともあり、15年からすべての園で**幼児体育プログラム**を導入しました。

図6-1のスキャモンの発達・発育曲線をご覧ください。神経系は生まれてから5歳頃までに成人の80%の成長を遂げ、12歳までにほぼ100%まで達すると言われます。

神経系が発達していく乳幼児期は、さまざまな神経回路が形成されていく大切な時期です。この神経回路は、一度その回路が形成されるとなかなか消えません。

たとえば、補助輪を外して自転車に乗れるようになると、何年間も乗らなくても、いつでもまた乗れることができますよね。つまり、この時期に身につけた動きは一生ものだと言えるのです。

この神経発達のチャンスを生かすために、幼児体育プログラムとして「マット運動」「鉄棒」「跳び箱」「なわとび」などを使って、独自のカリキ

図6-1 スキャモンの発達・発育曲線

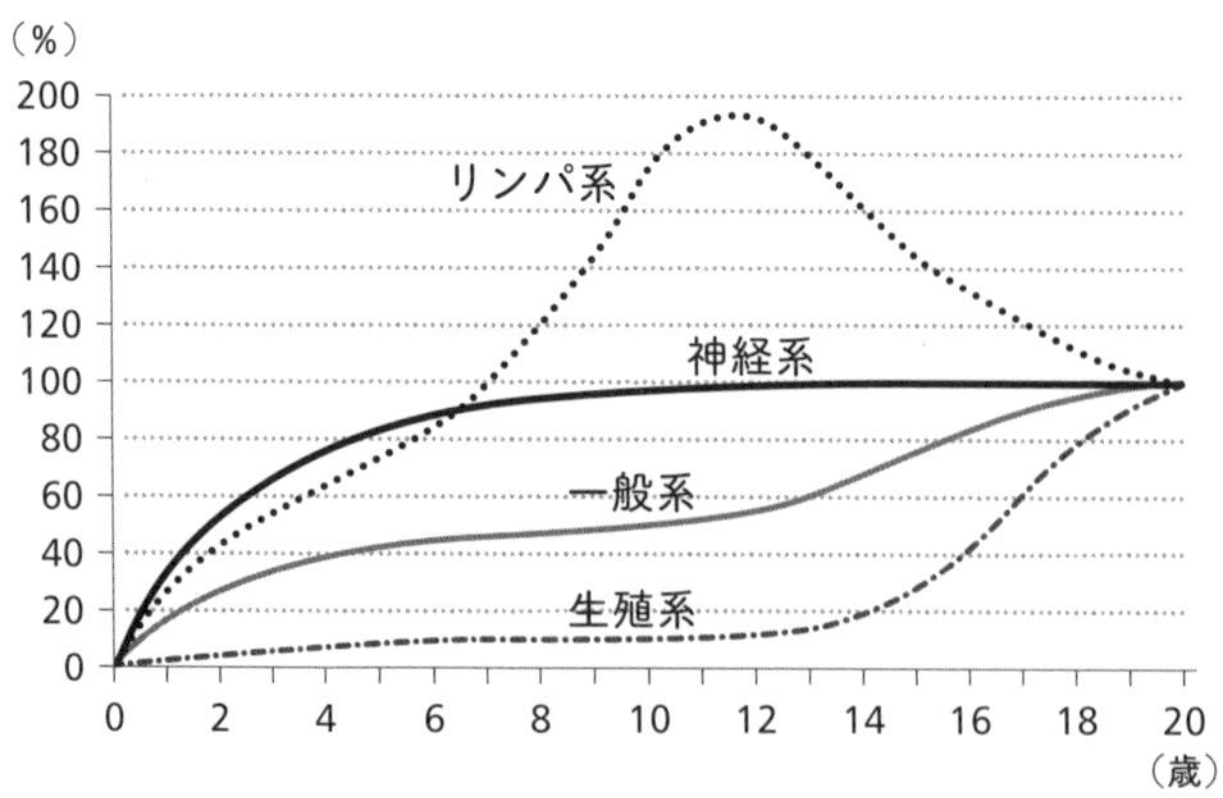

出典：『新版小児保健医学』松尾保編、日本小児医事出版社

ュラムを行っています。体を動かすことにより、豊かな身体の成長はもちろん、健康的な精神も育んでいきたいと考えています。

定期的なアンケートで保護者の希望を把握する

スクルドエンジェル保育園では、定期的に保護者に幼児教育プログラムについてのアンケートを行っています。**経営者として最もやってはいけないのが、自己満足で進めてしまうこと**です。現在行っているプログラムが園児と保護者から喜ばれているのか、どのプログラムが人気なのかを保護者に尋ねて、現状を把握しましょう。アンケートのフォーマットは、エクセルで簡単なものを作れば十分です。封筒に入れて送迎に来られた保護者にお渡しします。

回答の結果、あまり人気がないプログラムは思い切ってやめることも必要です。また地域によって求められるプログラムは異なります。たとえば、所得が高い層が多いエリアでは英語を希望する保護者が多い傾向にあります。これはコンビニが地域のニーズに応じて商品を入荷するのと同じです。海水浴場近くのコンビニならビーチサンダルや浮き輪が求められますが、都心では買う人は稀です。一人よがりでない有益なプログラムを組むことで、園の評判も高まります。

自分の子どもが通いたくなる保育園をイメージする

保護者の負担を軽減する取り組み

コラム2でも述べましたが、私自身が保護者として感じた保育園での負担を減らすため、私の園では、以下のことにも取り組んでいます。

＊おむつはすべてパックで預かり、毎日保育スタッフがそれぞれの園児のロッカーに補充を行う——他園では、自宅からおむつを持ってきて、保護者がすべてのおむつに名前を書いて補充しているところが多い

＊使用ずみおむつは、園で廃棄処分を行う——保護者がゴミ袋を用意し、毎日持ち帰って廃棄する園も多い

＊お昼寝用の布団セットのなどの準備、布団マット、カバーの洗濯は専門業者が行う——園

によっては、布団も保護者が用意するところもある。また、カバーは毎週末持ち帰って洗濯し、週明けに持ってきてふとんにかける作業があるところが多い

私の園では、毎日、保護者に持ってきてもらうものは、着替え上下2組みとタオル2枚。これだけです。これらのサービスは、他の園との差別化になりますし、何よりも保護者の手間を省くためのサービスだと考えています。費用は園の負担になりますが、保護者にはとても好評をいただいております。

保育園はサービス業

園によっては、サービスという考え方を持っているところは少ないように思います。私は、保育業界というのは、子どもや保護者に対するサービスを提供するところだと考えています。もちろん、福祉的な一面もありますが、相手のことを思えば、当然サービスという考えが生まれてくるものです。園のスタッフにも「保育はサービス業」とよく伝えています。

イベントは、親子が一緒に楽しめる絶好の機会

行事やイベントにも独自色を出して

保育園の独自色を色濃く出せるのが行事やイベントです。

スクルドエンジェル保育園では1年間の行事として、毎月のお誕生会の他、節分、ひな祭り、七夕、運動会、栗拾い、クリスマス会など季節の催しを行っています。これらのイベントを行うことで、日本の四季を味わい、また運動会では一致団結して行う集団競技もあるので、協調性、最後までみんなでやり通す強い気持ちなどを養います。

次のページにスクルドエンジェル保育園の運動会、クリスマス会の様子をご紹介しておきます。

近くの体育館を借りて運動会を行います

クリスマス会ではサンタさんもやってきます

大好評の地曳網大会

その他、特別イベントとして、私の経営するいくつかの園と合同で地曳網(じびきあみ)大会も行っています。子どもたちはもちろんのこと、保護者、園スタッフの家族も参加し、直近では、関東エリアで約650名、中部エリアで約500名が参加し、総勢1150人の大人数で実施しました。

当園が行う地曳網は本格的なもので、網元さんから船を一艘借りて沖合に網を仕掛け、1時間ほど待ってから浜辺で協力して引き上げます。すべてが終わるまでには1時間半から2時間かかります。

網を仕掛けて待っている間は、親子運動会を開催します。複数の園が参加していますから、かなりのにぎわいです。夏は暑いので、春と秋に開催しています。網を引き上げるとたくさんの魚が入っていて、それを見た子どもたちはもちろんのこと、保護者のみなさんも感動してしまうくらいです。時には高級魚のタイも入っているというサプライズもあり、それらを浜辺で網元さんにお刺身におろして頂き、その場で食べたりもします。これがまたおいしいのです。みんなで獲ったものだからでしょう。

地曳網大会にはプロのカメラマン2人に来ていただきます。1人は一眼レフでイベントの様子を撮影いただく方、もう1人はドローンカメラマンです。ドローンを飛ばして、空中から撮影します。臨場感や躍動感にあふれる写真は、園児にも保護者にも喜んでいただきました。パスワードを設定し、YouTubeに動画も上げました。

都会で育った子どもたちは、普段自然と触れ合う機会がなかなかありません。コロナ禍で制約もありますが、私は子どもたちに、できるだけ自然に触れさせてあげられるようなイベントを提供したいと考えています。それが園の独自色にもなるのです。また、ご家庭が経済的に厳しく、レジャーに行くゆとりがない園児もいます。イベントには無料で参加できるので、そうしたお子さんにとっては、楽しい体験になるに違いありません。

クリスマスのリトミックイベントとレンタル畑

以前行ったクリスマスイベントもご紹介します。ドレスアップしたリトミックの先生3〜4人に、ピアノやバイオリン、フルートなどの生演奏に合わせて園児たちが喜ぶ歌を歌っていただいたことがあります。最後は外国人の先生と一緒に「メリークリスマス」と言って盛り上がりました。保護者にも楽しんでいただけて、非常に嬉しかったですね。

今考えているのがレンタル畑の構想です。収穫の時期に園児と一緒に畑に行き、作物の収穫体験をするのです。たとえばさつまいもを掘った後、近くの農家に協力していただき、焼き芋をして食べたら思い出になるのではないかと思っています。

レンタル畑では自然の大切さ、食物のありがたみを体験でき園児のためにもなります。普段は業者の方にメンテナンスをお願いしておけば、四季折々の作物を収穫できる態勢を調えられるはずです。

行事、イベントは経営者の考え、アイデアひとつで実現できるはずです。経営者からすればお金がかかるので収入は下がりますが、長い目で見ると園児と保護者の満足に寄与できます。繰り返しますが、保育園ビジネスはサービス業なのです。

そして、それこそが園の評判を大きくアップさせることでしょう。イベントを成功させるポイントは、**経営者自身も子どもたちや保護者と一緒になって楽しむこと**です。このスタンスが行事、イベントを成功させる秘訣です。

保育園の１日

ここで、保育園の1日をスクルドエンジェル保育園　幕張園を例にして簡単に説明しておきます。

ちなみに、スクルドエンジェル保育園　幕張園は、２０１５年４月に千葉市認定保育ルームから近くに場所を移転し、千葉市認可保育園となりました。

１日の始まりは健康チェックから

まず、開室日は月曜日から土曜日で、開室時間は7時30分から20時までです。登園、降園は各自ですが、基本プログラムとしては、子どもが登園してきたら保育士は、体温をはかり、保護者からの連絡帳を確認し、表情、皮膚の異常の有無、機嫌のいい悪いなどの様子を見て**体調を確認します。**

年齢ごとにプログラムも異なりますが、午前中にモンテッソーリ教育やリトミック、英語教育、幼児体育などのプログラムを行い、その後、天気がよければ、最低、週に4日は戸外にお散歩に行きます。体を動かしたあとは、着替えをして、給食です。給食が終わったら、お昼寝になります。

お昼寝は必須プログラム

乳児はもちろん、3歳以上の幼児にとって**お昼寝は大切な時間**です。もともと人間に備わっている「昼と夜の時間帯に分かれている眠気」を夜だけにして寝てしまうと、乳幼児は体力が持たず、生活のリズムが崩れてしまいます。

また、給食のあとでしっかり昼寝をすることで、体力が回復し、午後からすっきりした頭と体で遊ぶことができるのです。**「お昼寝」は必ず園のデイリープログラムに組み込みましょう。**

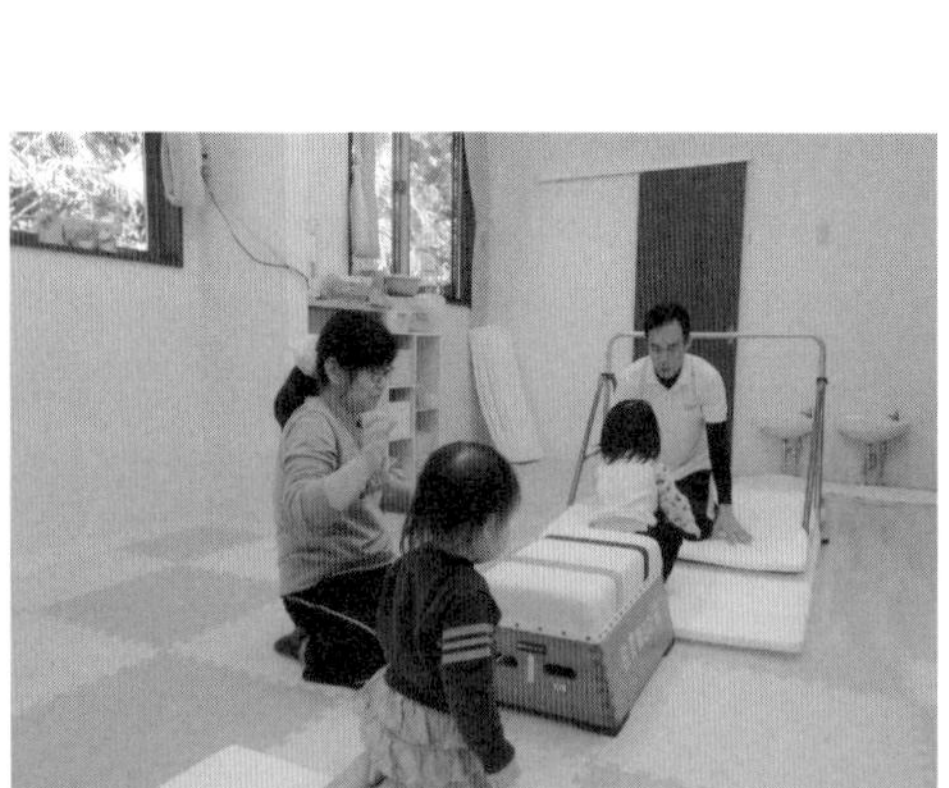

幼児体育に取り組んでいます

お昼寝から目が覚めたら、おやつと室内遊びです。室内遊びでは、保育士が絵本の読み聞かせや紙芝居を行ったりと人と触れ合う時間を大切にして過ごします。その後、各自お迎えが来るまでは、お友だちと遊んだり、時には1人で絵を描いたり、積み木をしたりと自由にさまざまなことをしています。

1日のスケジュール

乳児

7:30	登園開始 視診（おむつ交換、検温） 室内遊び
9:30	課題保育・遊び （月齢、個々の発達を考慮する）
10:00	戸外遊び・散歩
11:00	離乳食
12:00	離乳食
15:00	授乳 自由遊び
18:00	室内遊び・自由遊び
18:30	補食および夕食、自由保育（合同保育）
20:00	降園終了

幼児

7:30	登園開始 視診（おむつ交換、検温） 室内遊び
9:30	排泄
9:45	水分補給
10:00	設定保育・自由遊び・遊び 戸外遊び・散歩 （個別対応の設定保育）
11:20	食事
12:30	午睡
15:00	目覚め・排泄・着替え
15:30	おやつ
15:50	室内遊び・自由遊び
18:00	室内遊び・自由遊び
18:30	補食および夕食、自由保育（合同保育）
20:00	降園終了

保育園の安全管理

保育園での安全管理、衛生管理は、基本中の基本です。

これらを怠って万一事故や食中毒を起こしてしまっては、いくら努力して認可系保育園を作っていったとしても、**一瞬で自治体、保護者からの評価は急落してしまいます。**だから、絶対に起こしてはいけないのです。

安全管理は保育の基本

保育園は大切なお子さんの命を預かっているわけですから、**安全管理は最大の課題であり、保育の基本でもあります。**ですから、子どもが過ごす保育室は日頃からさまざまな安全チェックを行い、保育スタッフは常に目を配って保育に取り組むべきです。

認可系保育園には監査基準があります。次のポイントに注意して保育園を運営していくことが大切です。

◆安全管理①――保育室

保育室での安全管理のポイントは次のようなものです。

＊机・椅子などに釘やささくれが出ていないか
＊机・椅子などの高さは体のサイズに合っているか
＊画びょうなどとがったものが落ちていないか
＊棚の上から落ちてくるものを置いていないか
＊ドアなどに指をはさまないよう対策ができているか
＊子どもの手の届くところに、危険なもの、口に入る細かいものは置いていないか

◆安全管理②――施設全般

また、施設全般に関しては、

＊施設内の危険な場所・設備などへの囲いの設置、施錠
＊不審者の立入防止措置

＊緊急時の児童の安全確保体制の整備

などの点に注意して安全管理を行ってください。

これらのことは事故防止のために、常に目を配っておくべきです。逆に言えば、**基本的な安全管理を徹底していれば、事故は起きないでしょう。**

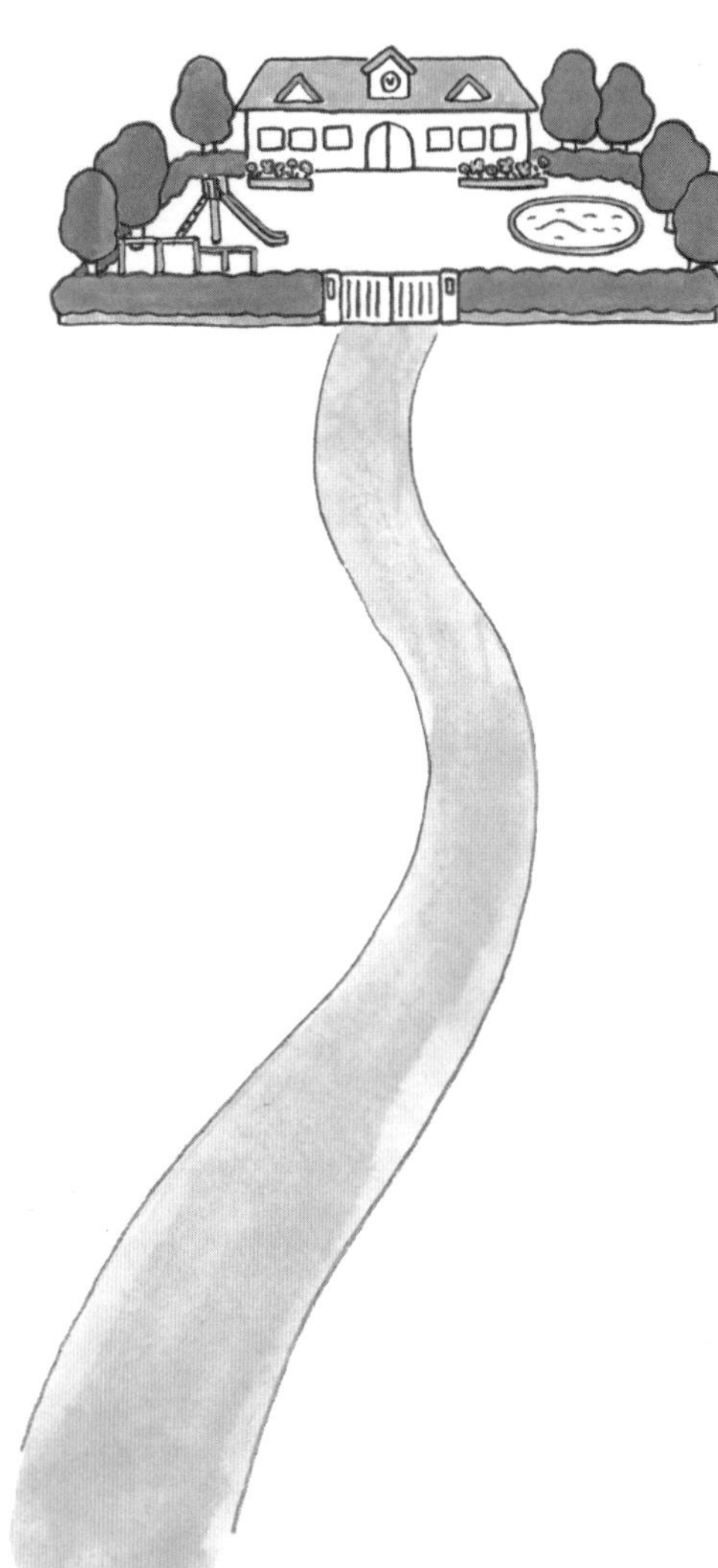

◆安全管理③――子どもの服装など

続いては、子どもの服装です。公園で遊んだり、室内で遊んだりと子どもたちは活発に動きますので、それらの活動の妨げにならない服装にするように保護者には伝えておきます。

注意点としては、以下のようなことです。

＊動きやすい服装・運動靴か
＊ひもやリボンなど引っかかるものはないか
＊ヘアピンなどとがったアクセサリーはつけていないか
＊吸湿性、通気性がある服装か

という点です。

活動の妨げになるような服装で登園した場合は、園にストックしてある洋服に着替えてもらうこともあります。


その他にも、乳幼児突然死症候群の予防にも努めましょう。予防策としては、

＊眠っているときは「うつ伏せ寝」にさせない

＊体を温めすぎない
＊顔にタオル、毛布がかからないように注意する
＊睡眠中の子どもの顔色や呼吸の状態をきめ細かく観察する

などです。

保育園を始める際には、自身で安全管理に必要なことを書き出してみてください。どんなに気をつけても気をつけすぎることがないのが、安全管理です。

衛生管理体制は徹底する

保育園では大切なお子さんを預かっているわけですから、万一にも、食中毒を起こさないように衛生管理体制は徹底しています。普段からチェック項目を使い、園のスタッフ一同、気を配っています。

調理スタッフに関しては、手洗い・消毒はもちろんのこと、定期的に健康診断、検便などを行うようにしています。調理室の衛生管理に関しても、整理・整頓、湿気除去、手洗い・消毒剤の完備など徹底してすることを心がけています。保育園における調理スタッフ・施設の衛生管理について図6-2に簡単にまとめましたので、ご覧ください。

やりすぎることはないアレルギー対策

また、近年、問題視されているのがアレルギーです。最近は、さまざまなアレルギーを持ったお子さんが増えています。食品アレルギー対策が十分に取られているかも入園を考える際の大きなチェックポイントになってきています。

私の園では、入園時にアレルギーのことを詳しく書いて提出してもらい、面談でもそのことを確認しています。

そして、アレルギーが強い子の場合は、たとえばそれが乳製品アレルギーだとした

図6-2 保育園における調理スタッフ・施設の衛生管理

給食調理スタッフの衛生管理	• 定期的な健康診断及び検便を受けさせること • 調理従事者が嘔吐、下痢、発熱などの症状があったとき、手指などに化膿創があったときは調理作業に従事させないこと • 下痢又は嘔吐等の症状がある調理従事者等について、直ちに医療機関を受診させ、感染性疾患の有無を確認すること • 手洗い・消毒の徹底、清潔な作業衣・帽子・エプロン・靴を着用。また調理中はマスクを着用 など
調理施設の衛生管理	• 天井・床面・壁面・ダクト・フードなどに汚れがなく適切に管理されているか • 作業場内の整理・整頓 • 調理場内は乾燥した状態で使用され、床面を汚染するようなことはないか • 手洗い設備には、石鹸・消毒剤・爪ブラシ・ペーパータオルが完備され常時使用できる状態になっているか • 食器具及び調理器具類は衛生的に管理されているか など
食品の取り扱いなど	• 食材の入荷は適切に行われているか • 食材は適切に保管されているか • 食品の取り扱いは衛生的に行われているか など

ら、チーズなどを使ったメニューが出る日は、除去メニューの提供はもちろんのこと、別の子がチーズを口に入れたまくしゃみなどしてその子のお皿に飛んでしまってはいけないので、その日は別室で食べてもらうなどの配慮もしています。友だちから離れての給食はつまらないでしょうが、事故が起こってしまうよりはいいと割り切って、そのような対応を取っています。

万一の対策が取れていない保育園は、保護者から信頼を失ってしまうでしょう。

保育園運営で気をつけるべきこと

保育士の身だしなみ注意点

ここでは、保育士の身だしなみとして、やってはいけないことを挙げてみました。

***保育スタッフの化粧が濃い**――赤ちゃんであれば顔をなめる可能性があります。あるいは顔を触った手を口に入れるかもしれません。化粧はあくまでも薄く、最低限のものでなければいけません。それが原則です。

***ピアスやイヤリングをつけている**――もしピアスやイヤリングが落ちたとき、それを拾った子どもが口に入れることもあります。誤飲を防ぐためにも、ピアス、イヤリングは禁止です。

***爪を伸ばしている**――子どもはじゃれて保育士の側に寄ってきたり、甘えて抱っこをせが

んでくることもあります。そのときに爪が伸びているとケガのもとになります。爪は短く切りそろえて丸くしておくのが原則です。

テレビ、DVDの流しっ放しは論外

また、**テレビのつけっ放し、DVDの流しっ放しは避けたい**ところです。実際、そのようにしている園もあります。保育士にとっては、子どもにテレビやDVDを見させているほうがラクだからです。つまり、子どものための保育ではなく、保育スタッフや経営者がラクをするための保育にすぎません。

私の運営する「スクルドエンジェル保育園」では、**テレビ、DVDは設置していません**。理由は、

図6-3　保育士の身だしなみの注意点

- 保育スタッフの化粧が濃い
  ―― 赤ちゃんであれば顔をなめる可能性もあるため、保育スタッフの化粧はあくまでも薄く、最低限のものに。
- ピアスやイヤリングをつけている
  ―― もしそれが落ちたとき、それを拾った子どもが口に入れることもあるため、とがったものなどを身につけるのは禁止です。
- 爪を伸ばしている
  ―― 保育スタッフの爪が伸びていると子どもをひっかいたりする可能性があるため、爪を短く切りそろえて丸くしておくのが原則。もちろん、つけ爪なども禁止。

あくまで子どもたち目線で
身だしなみを！

テレビやＤＶＤは一方通行の情報の伝達手段であり、人間同士のコミュニケーションツールではないと考えているからです。

ですから、私たちの園では、テレビなどの代わりに、紙芝居や絵本の読み聞かせ、エプロンシアターなどを行っています。保育スタッフと園児が直接向き合うことは、子どもたちの人格形成に役立つ有効なコミュニケーションだと考えています。

乳幼児期に人と人が直接触れ合う時間を可能なかぎり多く持つことが、子どもたちのこれからの人格形成、ひいては社会や他人に対する思いやりや信頼感の育成などに必要だと考えるからです。

人格形成の大切な乳幼児期に「直接子どもと触れ合う保育」を園の指針としたいものです。

給食の基準

認可で義務化されていること

私の園では栄養士がメニューを作り、それをもとに自園調理を行っています。当然、乳幼児の健康を考えて栄養やカロリーが設定されています。

そもそも認可系保育園では、その点についても非常に厳しく管理されています。管理栄養士や調理師の採用が義務づけられていますし、**カロリーも3歳未満、3歳以上で定められた数値**があります。

2000年に通知された厚生労働省の「児童福祉施設給食の栄養給与目標の取扱いについて」には、次のように記されています。

＊1～2歳児の栄養給与目標（給食・おやつを含む）は550キロカロリー

（給食とおやつで1日の栄養所要量1100キロカロリーの50％を給与）

＊3〜5歳児の栄養給与目標（給食・おやつを含む）は560キロカロリー

（給食とおやつで1日の栄養所要量1400キロカロリーの40％を給与）

1日の栄養所要量のうちの40〜50％を保育園で給与するわけですから、給食は保育園にとって大切な項目です。

ご参考までに、当園の給食メニューについて一部掲載しておきます。

食材宅配業者と提携する方法も

献立を見ていただくとわかりますように、とに

図6-4　私の経営する園の給食献立　〜ある月の献立から抜粋〜

献立	熱や力になるもの	血や肉や骨になるもの	体の調子を整えるもの	3−5歳栄養価	1−2歳栄養価
魚の変わり西京焼き ちくわの煮物 ご飯・スープ	米・小麦粉・油・バター・砂糖・マヨネーズ・ごま	銀サケ・豚肉・ちくわ	大根・人参・玉ねぎ・コーン	432kcal	324kcal
夏野菜のカレーライス 豆サラダ たまごスープ オレンジ	米・油・砂糖・片栗粉・シェルマカロニ	鶏肉・牛乳・大豆・玉子・ハム	玉ねぎ・かぼちゃ・ピーマン・トマト・きゅうり・オレンジ	461kcal	346kcal
冷やしきつねうどん 里芋と人参の煮物 ほうれん草のおかか和え	うどん・砂糖・油・天かす・里芋	油揚げ・鶏肉・ハム・花かつお	きゅうり・トマト・人参・ほうれん草	353kcal	265kcal

かく毎日、栄養バランスがあって、カロリー計算された給食を提供しています。また作る量も多いので、給食を作るスタッフにもそれなりのノウハウ・スキルが必要となってきます。

一つの方法として食材宅配業者との提携があります。サービス内容は、管理栄養士による毎月の献立作りから、レシピの紹介、食材の納品といったものです。

保育園は基本的に米、みそ、調味料だけ用意しておけば、あとは前日に納品される食材を、レシピに従って調理をするだけ。このサービスを利用すれば、献立作りなどの手間がかからず、自園調理で温かい給食を出すことができます。

業者さんにもよりますが、お昼の給食はもちろん、手作りのおやつ、補食（夕食前

図6-5 離乳食の献立例

初期（5〜6カ月）		中期（7〜8カ月）		後期（9〜11カ月）	
昼	夕	昼	夕	昼	夕
かゆペースト 人参ペースト 玉ねぎペースト 大根ペースト	かゆペースト 人参ペースト 白菜ペースト 豆腐ペースト	かゆ 煮魚 ゆで野菜 スープ	かゆ 筑前煮 ゆで野菜 みそ汁	かゆ 煮魚 ゆで野菜 スープ	かゆ 筑前煮 ゆで野菜 みそ汁
かゆペースト キャベツ・玉ねぎペースト 人参・大根ペースト ソーメンペースト	かゆペースト 魚・人参ペースト 玉ねぎペースト グレープフルーツ	かゆ みそ焼肉 大根のくたくた煮 すまし汁	かゆ 煮魚 高野豆腐と野菜のとろみ煮 みそ汁 グレープフルーツ	かゆ みそ焼肉 大根のくたくた煮 すまし汁	かゆ 煮魚 高野豆腐と野菜のとろみ煮 みそ汁 グレープフルーツ
うどんペースト 人参ペースト ほうれん草ペースト きゅうりペースト	かゆペースト 玉ねぎ・じゃがいもペースト キャベツ・人参・なすペースト オレンジ	うどんのくたくた煮 ゆで野菜 里芋煮	かゆ 洋風煮 キャベツと人参の含め煮 みそ汁 オレンジ	うどんのくたくた煮 ゆで野菜 里芋煮	かゆ 洋風煮 キャベツと人参の含め煮 みそ汁 オレンジ

園の献立はとにかく
栄養、エネルギーを
考えているのです！

の軽食）、夕食などすべてに対応しているところも多くあります。栄養士を雇う段階ではない規模の園でしたら、検討する価値はあると思います。

保護者への対応は誠実に

みなさんの開園サポートをしていてよく聞かれることがあります。それは、「何かあったときの保護者への対応の仕方」です。

何かあったときとは、どのようなことが多いのでしょうか――。

子ども同士のトラブルが起きたら……

一番多いのは、子ども同士のトラブルで傷を作ってしまうことです。

1〜2歳の頃はなかなか言葉が出てこなくて、うまく相手に気持ちを伝えることができないため、ついおもちゃの取り合いなどで相手にかみついたり、引っかいたりしてしまうことがあります。これはこれで問題行動ではないので、気にしなくていいのですが、重要なのは、かみつかれたり、引っかかれたりした子どもの保護者への対応です。

保育士は早めに事態に気づけば、即座にこれらのトラブルを止めに入ります。当園では「**園内で起こったことは園内の責任である**」が大原則です。

ただ、他の子どもの世話をしていて止めることができないときもあります。それで傷を作ってしまったら、保護者には今回の件を正直に連絡帳で伝え、謝ります。さらに、お迎えの際にも止められなかったことを直接謝り、どのようないきさつだったのかを伝えます。

また、原則、親同士のトラブルを避けるため、傷を作ったほうの子どもの名前は相手の親には言いません。

すぐにこのような対応を取ることで、大きなクレームになることはまずないのですが、傷の程度がひどかったために、過去に親同士のトラブルになったこともあります。

誠意ある対応を

それは、手をかまれた1歳児クラスのAちゃんのお母さんが、そのかまれた傷跡があまりに深かったので、「いったい、誰がかんだのですか」と保育士に何度も聞いてきました。対応した保育士も当初は、かんだほうのB君の名前を原則どおりに出さなかったのですが、Aちゃんのお母さんの気持ちもわかるため、B君のお母さんに今回の件について伝えました。

まず止められなかったことを謝ったところ、そのお母さんは「わかりました。Aちゃんのお母さんに謝っておきます」と言ってくれました。

ところが、それから数日後、Aちゃんのお母さんが園長のところに来て、「この前のこと、B君のお母さん、直接言って来ないで、手紙で謝ってきたんですよ。謝るときは直接謝るものですよね。謝ってはもらいましたが、あまり後味はよくないですね……」とやや口調を荒くして言ってきたのです。

たしかに、Bちゃんのお母さんに謝る気持ちはあったのでしょうが、やはり直接謝ったほうがうまく解決できたように思います。

このことは、保育スタッフでも同じことです。連絡帳と口頭で直接謝ること、これが**トラブルにならない誠意ある対応**です。

困った親への対応

また、もうひとつよく聞かれるのが、**「モンスターペアレント」と呼ばれる人たちへの対応**です。モンスターペアレントとは、学校などに対して、自己中心的で理不尽な要求をする親と考えられています。

不当な要求には毅然と対応する

実は、私は保育園を経営して10年以上になりますが、まだこのような親に出会ったことがありません。保育園に子どもを預けている保護者の多くが仕事を持っています。小さな子を育てながら働いているわけですから、執拗に何かを言ってくるというような時間的余裕はないのだと思います。

ただ、園のマニュアルとしては、**不当な要求などには「毅然と対応する」**としてあります。

苦情自体は誠意を持って対応し、解決するよう図っていきますが、あまりにも身勝手な要求に対しては、**対応できないという姿勢を示す**ことにしています。

STEP 6 まとめ

成功する保育園運営とは？

1 自分の子どもが通いたくなる保育園をイメージ
2 定期的なアンケートで保護者の希望を把握する
3 安全管理・衛生管理には常に気を配る
4 保護者への対応は誠実に

一人よがりでない運営を心がけることを意識する

STEP 7

こうすれば認可系保育園を開園できる

認可系保育園の最上位に位置する認可保育園を目指すための準備

STEP7では「認可保育園」受託までの手順についてお話ししたいと思います。

認可保育園チャレンジが可能になった！

認可保育園は、保育人数の規模、施設の充実度、地域社会への貢献、補助金による経営の安定など、あらゆる面から、〝保育園の頂点〟です。

これまで認可保育園は公立や、社会福祉法人、一部大手の株式会社にしか手が届かない、ある種の〝聖域〟に位置するものでした。それは、認可保育園を受託するには、自治体に保育園運営の実績を認めてもらう必要があるにもかかわらず、これまで民間事業者には、認可園の運営実績を積む機会が与えられていなかったからです。

しかし、待機児童問題解消のための自治体の認可事業として、小規模保育の設置を国が推し進めることによって、状況は一変しました。それはこれまでに申し上げた通りです。

これによって民間事業者でも、小規模保育を複数経営することで認可園事業の運営の実績を作り、**認可保育園にチャレンジすることが実現可能**なものになりました。

ここからは、民間事業者が認可保育園を目指すまでの具体的な道筋についてお話ししていきます。なお、この道筋の流れ自体は、小規模保育も、認可保育園も同じであることに留意してください。

複数経営で、財務を健全化！

小規模保育の開設を3年で3園目指してください、とここでも申し上げます。小規模保育を3園経営すると、1園当たりの年商は3500万円か

図7-1 認可外、小規模保育、認可の違い

	認可外保育園	小規模保育	認可保育園
定員	定員の規定は **特になし**	**6～19人**	**20～200人**
補助金の有無	**なし** ※認証、認定はあり	**あり** （19人で年間約4000万円）	**あり** （約4000万～2億円）
社会的信頼度	△	○	◎
経営の安定	△	◎	◎
建物のタイプ	**ビルの一室** など	**ビルの一室** など	**1棟**

ら4000万円ほどですから、**3園経営していれば、年商は1億円を超えてくる**ので、運営実績、財務面からも認可保育園へのチャレンジが可能となるわけです。

認可保育園を受託するための条件の1つに、法人格で運営を行い「過去2年間か3年間、連続して赤字を出していないこと」があります。これは、認可保育園の設立・運営には数千万円もの公的資金が投入されるため、安定した経営基盤が厳しく求められるからです。

そのため認可申請時に自治体は事業者に対し、数千万円程度の現預貯金の残高証明の提出を求めます。

これは私が保育園業界に参入する前の出来事なのですが、かつてある認可保育園の運営を受託した株式会社が資金繰りに行きづまり、開園からわずか数カ月で突然倒産、閉園したという〝事件〟がありました。

このようなことがあったため、自治体は民間事業者の財務状況が健全であるかどうか、非常に細かくチェックすることになったのです。

通常、複数の小規模保育を誠実に運営していれば、保育園事業自体で赤字が出ることはないはずですが、同じ企業で別事業を経営している場合などは、特に決算書が赤字になることのないようにしなければなりません。

そのうえで、財務管理はもちろん、法人顧問税理士と連携を図り、運営状況をいつでも開示できるようにしておくことが必要です。

認可保育園の公募を探す

小規模保育を複数経営し、健全な財務状況がわかる黒字の決算書（2～3年分）がそろったら、いよいよ認可保育園の公募に申請しましょう。

最初にやらなければならないのは、希望する地域で自治体が認可保育園を公募しているかをチェックすることです。

行政が新しい認可保育園を作る際は、まず一般公募で、事業者を募集します。この公募情報を見落とさないようにチェックすることが大切なのですが、これらの公募は自治体のホームページや広報紙に載りますので、常にチェックすることを心がけてください。それと同時に各自治体に足を運び、担当課に認可保育園の整備計画の有無を問い合わせてみましょう。

ちなみに当社の場合は、新規認可保育園の公募情報を探すことをミッションとしているスタッフを常駐させています。それとともに、私自身も役所に出向き、担当者とまめに情報交換するようにしています。

ここで自治体が行う公募の事例を見てみましょう。たとえば、東京都中央区のケースです。「認可保育所開設のご提案を募集します」というタイトルで、区のホームページに掲載されています。「募集案内」のページをクリックすると、開所予定日や開所希望エリアなどの情報が載っています。中央区の場合は「全地域で募集」とありますが、その中でも重点的に開所してほしいエリアも併記されています。

募集案内ページには、事業者の要件や申込方法といった情報も掲載されているので細かくチェックしましょう。図7-2には、千葉県船橋市の「認可保育所の募集要項・事業者の要件」を紹介しています。自治体によって内容は異なりますが、認可保育園の開園を目指すうえでは押さえておきたい内容です。

図7-2 認可保育所の募集概要・事業者の要件（千葉県船橋市）

次の（1）～（4）の要件を満たす法人で、児童福祉法第35条第4項の認可を受けて保育所を設置し、自ら保育所の運営を行うことができるものであること。

（1） 法人格を有し、次のアイのいずれかの要件を満たすこと。（社会福祉法人又は学校法人については、アイウのいずれかを満たすこと。）

ア 令和2年7月15日現在、認可保育所、幼稚園、認定こども園、小規模保育事業（A型）を2年以上運営していること。

イ 令和2年7月15日現在、認可外保育施設を2年以上運営しており、かつ、当該認可外保育施設が、直近の立入調査において「認可外保育施設指導監督基準」を満たしている旨の証明書の交付を受けていること。

ウ 上記ア又はイの要件と同等以上の実績を有すること。

（2） 次のアイウのいずれの要件も満たすこと

ア 申請書類提出期限までに決算書又は法人税申告書等により、2期以上の運営実績が確認できること（ただし、社会福祉法人又は学校法人である場合や2期以上の運営実績を持つ法人の100％子会社であるなど、2期以上の運営実績がある法人と同等の実績があると認められるものは、本要件を適用しない場合があります）。

イ 直近2期連続で損失を計上していないこと。

ウ 直近2期いずれかの年度で債務超過となっていないこと。

（3） 運営している施設等において、直近に実施された自治体等の監査、指導監査等において、重大な文書指摘を受けていないこと。ただし、軽微な文書指摘を受けていた場合で、適正な改善報告がされており、かつ、今後適正に施設等運営がなされる見込みであると認められる際には、対象とする場合があります。

（4） その他、資料1「応募資格について」の要件を満たす法人。

出典：船橋市市役所HP

認可保育園の公募申込みから選定まで

―一番運営しやすい規模の園とは―

希望する地域に認可保育園の公募が見つかったら、公募に申し込みましょう。

認可保育園とひと口に言っても、さまざまな規模（園児数）の園があります。園の規模はこちらのリクエスト、自治体の意向、土地の広さなどによって決まりますが、私は**60人規模の園が一番運営しやすいと考えています。**

一見すると100人規模、200人規模の認可保育園は、人数が多い分、補助金収入も多くなりよさそうに見えるかもしれませんが、保育園経営は、数年後を見越して行わなければならないのです。たしかに今は待機児童が多く、開園後、早い段階で定員いっぱいに園児が入ってくるでしょう。

でも、国は待機児童の解消のために急ピッチで動いています。いずれ待機児童問題は解消していくでしょう。そうなったときに、定員数の多い園で、大勢の職員を抱え、定員が埋まらなかったらどうなるでしょうか。

民間事業者がマンモス保育園を受託運営するということは、園児が減ったとき、経営上のリスクが高くなることを意味するのです。

プレゼンテーション参加メンバー

話を公募に戻します。一定の公募期間ののち、自治体による事業者選定が行われます。その際、各事業者がプレゼンテーションを行い、その最終決定権は自治体にあります。したがって事業者は、自治体が委託業者に求めているニーズを把握し、プレゼンテーションで投げかけられた質問の趣旨を理解し、的を射た回答をあらかじめ準備しておくことが大切です。

通常、プレゼンテーションには以下のメンバーをそろえて出席することになります。なお、プレゼンの時間はおよそ1時間〜1時間半程度です。

【事業者側】※出席人数や参加を求められる職種は自治体により異なります

・法人代表者（保育園経営者）

・園長予定者
・法人顧問税理士（自治体にもよりますが、同席可のケースがほとんどです）
・建築士
・その他、法人関係者（事務責任者など）

【審査員側】
・大学の保育科、もしくは保育専門学校の先生など保育の有識者（役所の指導保育士が入る場合もあります）
・公認会計士・税理士など事業の資金計画、母体の経営体力をチェックする有識者
・地域の保育連盟や社会福祉協議会の役員
・弁護士
・市議会議員など地域の代表者
・役所の課長クラスの役職者

質疑応答の内容は大きく分けて次の4つ

(1) 過去3年間の決算書に関するもの

決算書の中身について、具体的な質問をされます。たとえば、ある勘定科目に対してなぜAではなくBとして処理をしたのかなどの専門的な内容で、質問は代表者にもなされますが、専門性の高い質問には税理士が返答することになります。

(2) 保育に関するもの

主に、園長予定者に対する質問です。どんな保育を理念とするのか、保育士を育てるために、どんな研修を行うのかといった保育の指針に関わることから、調乳方法や汚物処理の仕方などといった衛生面など、内容は多岐にわたります。

(3) 建築に関するもの

建築基準法、消防法を遵守するために、どのような設計をし、どのような建築物になるのかという建築に関する専門的な質問がなされます。これは建築士に受け答えしてもらう必要があります。

(4) 保育園経営者（法人代表者）に対する総合的なもの

保育園経営者に対する質問です。「認可保育園と認可外保育園にはどのような違いがあるのか」「採択された場合、地域住民への説明会はどのように開催する予定か」といった内容です。

プレゼンにはコツがある！

実は、この4番目の保育園経営者への質問に対するプレゼンテーションにはさまざまなコツがあり、**どんなに実績を積んでいてもこのプレゼンがうまくいかないがために、認可保育園の委託事業者として選定されない法人も多いというのが実態**です。

ここで、想定される質疑応答をすべて明記することはむずかしいのですが、事業者、特に初めて認可申請をする法人代表者が、押さえておかなければならない重要なポイントをお話ししておきます。

質問の意図はきちんとつかむ！

たとえば、初めて認可保育園の申請をするという事業者には、以下のような質問がなされるケースがあります。

「認可外保育園と認可保育園の違いは何だと思いますか?」

このような質問に、ダラダラと自分の思いを込めて語り、さらに質問を浴びせられ、それに対して的外れな回答をしていては、認可園に採択されることは、まずありえません。

この質問のポイントは、事業者が「**認可保育園は税金で運営されている公的施設であるということを理解しているかどうか**」にあります。

たとえば、これまで、認可外保育園を運営してきた事業者は、厚生労働省の「認可外保育施設指導監督基準」を遵守していれば、保育園運営内容はかなり自由に決めることができました。

極端な例を言えば、園児や保護者がその園のルールを守らない場合は、事業者の判断で退園してもらうことも認可外保育園では可能です。

しかし、税金で運営されている認可保育園には「応諾義務」(正当な理由のない受け入れ拒否の禁止)があり、認可外のような事業者側の自由は制限されます。それは、認可は公的資金で運営される公的施設であるため、利用者に不平等感を生じさせないようにするための措置です。

地域に根差した保育運営が求められている

また、**園の運営内容も、その地域の特性を理解したうえで、自治体の保育担当者と相談をしながら決めていく必要**があります。

それは、認可保育園を運営するということは「自治体の指導を受けながら、保育部門と二人三脚で地域の方たちに協力してもらいながら、地域に根差した運営をさせていただく」という姿勢が大切だからです。

ですから、プレゼンテーションでは、それぞれの質問に対し、「なぜその質問をするのか」という役所側の意図を汲んで、答えることが求められます。

このあたりの仕組みと姿勢をよく理解したうえでプレゼンに臨むことが、複数の事業者の中で採択されるカギだと言えます。

認可保育園を受託するまで
スタートは認可外から
──当社の場合──

当社は、2010年、千葉県浦安市に「スクルド保育園浦安園」を認可外として開園して保育事業に参入しました。翌年、千葉市に「スクルドエンジェル保育園　幕張園」、さいたま市に「スクルドエンジェル保育園　大宮園」をいずれも認可外として開園しました。12年には、幕張園、大宮園とも「認定保育園」となり、14年には、名古屋市家庭保育室として、「スクルドエンジェル保育室　さきょうやま園」「スクルドエンジェル保育室　あらこ園」などを開園しました（図7-3）。家庭保育室とは、対象年齢が3歳未満で、施設が専用の施設として作られたものではなく、「家庭」に近い環境で、「家庭的な保育」を行う、というものです。

家庭保育室は認可ではありませんが、児童福祉法に基づいた保育施設という点や、入所の要件、役所を通じての入所申し込み、所得に応じた保育料という点は認可と同じです（家庭保育室は認可保育所とほぼ同じ利用料です）。

図7-3 当社直営園の開園・移行年表（2020年11月現在）

2010年

月	園名	区分
10月	スクルド保育園　浦安園＜千葉県＞	➲浦安市簡易保育所（認可外）

2011年

月	園名	区分
2月	スクルドエンジェル保育園　幕張園＜千葉県＞（認可外）	
7月	スクルドエンジェル保育園　大宮園＜埼玉県＞（認可外）	

2012年

月	園名	区分
4月	スクルドエンジェル保育園　大宮園	➲さいたま市家庭保育室（認可外・認定）へ
	スクルドエンジェル保育園　幕張園	➲千葉市保育ルーム（認可外・認定）へ
	スクルドエンジェル保育園　レイディアントシティ印西牧の原園＜千葉県＞	➲マンション内保育所（認可外）

2014年

月	園名	区分
4月	スクルドエンジェル保育室　さきょうやま園	➲名古屋市家庭保育室（認可外・認定）
	スクルドエンジェル保育室　あらこ園	➲名古屋市家庭保育室（認可外・認定）
9月	スクルドエンジェル保育園　稲毛園	➲千葉市保育ルーム（認可外・認定）
10月	スクルドエンジェル保育室　太平通園	➲名古屋市小規模認可保育所
	スクルドエンジェル保育室　みなと園	➲名古屋市小規模認可保育所

2015年

月	園名	区分
4月	スクルドエンジェル保育園　幕張園	➲千葉市認可保育所へ
	スクルドエンジェル保育園　大宮園	➲さいたま市小規模認可保育所へ
	スクルドエンジェル保育室　さきょうやま園	➲名古屋市小規模認可保育所へ
	スクルドエンジェル保育室　あらこ園	➲名古屋市小規模認可保育所へ
	スクルドエンジェル保育園　なんよう園	➲名古屋市認可保育所
	スクルドエンジェル保育室　ふじがおか園	➲名古屋市小規模認可保育所
5月	スクルドエンジェル保育園　なとり園	➲名取市小規模認可保育所
12月	スクルドエンジェル保育園　かまいし園	➲岩手県釜石市小規模認可保育所

2016年

月	園名	区分
3月	スクルドエンジェル保育園　そうま園	➲福島県相馬市小規模認可保育所
4月	スクルドエンジェル保育園　新琴似園	➲札幌市認可保育所
	スクルドエンジェル保育園　あじま園	➲名古屋市認可保育所
	スクルドエンジェル保育園　四街道園	➲千葉市小規模認可保育所
	スクルドエンジェル保育園　仙台長町園	➲仙台市小規模認可保育所
	スクルドエンジェル保育室　ごきそ園	➲名古屋市小規模認可保育所
	スクルドエンジェル保育室　たかばり園	➲名古屋市小規模認可保育所
10月	スクルドエンジェル保育室　おばた園	➲名古屋市小規模認可保育所
	スクルドエンジェル保育室　一宮平和園	➲一宮市小規模認可保育所
	スクルドエンジェル北名古屋園	➲北名古屋市小規模認可保育所

2017年

2月	スクルドエンジェル保育園　福島園	➲福島市小規模認可保育所
4月	スクルドエンジェル保育園　稲毛園	➲千葉市認可保育所へ
	スクルドエンジェル保育園　ひとつやま園	➲名古屋市認可保育所
	スクルドエンジェル稲毛駅前園	➲千葉市小規模認可保育所
	スクルドエンジェル保育園　川崎園	➲川崎市小規模認可保育所
	スクルドエンジェル保育園　月寒園	➲札幌市認可保育所
	スクルドエンジェル保育園　仙台宮城野原園	➲仙台市小規模認可保育所
	スクルドエンジェル保育園　下高井戸園	➲杉並区小規模認可保育所
	スクルドエンジェル保育園　方南町園	➲杉並区小規模認可保育所

2018年

4月	スクルドエンジェル北砂園	➲江東区認可保育所
	スクルドエンジェル保育園　新鎌ケ谷園	➲鎌ケ谷市小規模認可保育所
6月	スクルドエンジェル保育園　柿の木坂園	➲目黒区認可保育所

2019年

4月	スクルドエンジェル保育園　南行徳園	➲千葉県認可保育所
	スクルドエンジェル保育園　鎌ケ谷大仏園	➲鎌ケ谷市小規模認可保育所
	スクルドエンジェル保育園　増田園	➲名取市認可保育所
8月	スクルドエンジェル保育園　浦安園	➲浦安市小規模認可保育所へ
9月	スクルドエンジェル保育園　袖ケ浦園Ⅰ	➲袖ケ浦市小規模認可保育所
	スクルドエンジェル保育園　袖ケ浦園Ⅱ	➲袖ケ浦市小規模認可保育所

2020年

4月	スクルドエンジェル保育園　三郷中央園	➲埼玉県認可保育所
	スクルドエンジェル保育園　市川新田園	➲千葉県認可保育所
	スクルドエンジェル保育園　猫実園	➲千葉県認可保育所
	スクルドエンジェル保育園　五井園	➲千葉県認可保育所
	スクルドエンジェル保育園　坂本園	➲大津市小規模認可保育所
	スクルドエンジェル保育園　南久保園	➲君津市小規模認可保育所
6月	スクルドエンジェル保育園　もくし園	➲千葉県認可保育所
10月	スクルドエンジェル保育室　一宮観音寺園	➲一宮市小規模認可保育所

2021年

4月	スクルドエンジェル保育園　望海園	➲千葉県認可保育所
	スクルドエンジェル保育園　辻堂元町園	➲藤沢市小規模認可保育所
	スクルドエンジェル保育園　高座渋谷園	➲大和市小規模認可保育所
8月	スクルドエンジェル保育園　古市場園	➲千葉県認可保育所
9月	スクルドエンジェル保育園　神納園	➲千葉県認可保育所
12月	スクルドエンジェル保育園　袖ケ浦園Ⅲ	➲袖ケ浦市小規模認可保育所

2022年

4月	スクルドエンジェル保育園　木更津ゲートウェイ	➲千葉県認可保育所

初の認可保育園の公募に

小規模保育の制度が導入されると、名古屋市は、「名古屋市家庭保育室」を小規模保育として「認可」することにしました。

15年、当社が運営していた名古屋市家庭保育室の2園も小規模保育として採択されることになり、それと時期を同じくして、当社は、初めて名古屋市の認可保育園の公募に臨みました。

それが、「スクルドエンジェル保育園　なんよう園」です。その結果、なんよう園は、無事に名古屋市認可保育園として採択され、15年4月1日に開園することができました。

なんよう園が採択までに至った審査過程はもちろん公開はされませんが、当社がすでに、名古屋市家庭保育室を運営していた実績があったことも大きなポイントであるのは間違いないと思われます。

「認定」廃止の代替措置で「認可」に！

また、同じく15年に認可保育園として採択されたのが、「スクルドエンジェル保育園　幕張園」です。幕張園は12年に、認可外（認定無）から認定保育園「千葉市保育ルーム」に移行していました。

幕張園が認可保育園として採択されたのは、名古屋市の運用実績とは違う経緯がありました。それは、「千葉市保育ルーム」が18年をもって廃止されることが決まり、その代替措置で、今ある「千葉市保育ルーム」に対し、18年までに認可保育園もしくは小規模保育に移行することが求められたのです。

そこで、それまで「千葉市保育ルーム」として運営してきた幕張園は、認可保育園の設置基準を満たすよう場所を移転し、保育園施設を新たに建築し、15年4月1日より認可保育園としての運営を始めました。

関東、中部に加え、北海道、東北、東京23区、関西にも進出

15年末からは東北地方にも開園エリアを広げました。15年5月の宮城県名取市の「スクルドエンジェル保育園　なとり園」を皮切りに、岩手県、福島県、北海道に直営園を広げてい

きました。

17年には東京都杉並区に2つの小規模保育を開園し、念願の東京進出を果たしました。

20年4月には、滋賀県大津市の小規模保育、「スクルドエンジェル保育園　坂本園」も開き、今では全国各地で直営園を経営しています。

この例のように、小規模保育はもちろん、保育園事業の頂点である認可保育園についても、**運営の実績を積み重ねることにより、飛躍的に新規園を開園していくことが可能**になります。

これは、実績が重視される自治体の委託事業である認可保育園経営の大きな特徴のひとつと言えるでしょう。

実績を出せば出すほど自分が開園したいエリアに進出しやすくなるのです。

認可で、よりよい保育園を目指して

認可でも個性を出せる！

先にも述べましたが、認可保育園は、認可外保育園とは異なり、自治体による公的事業ですから、保育園の運営内容のすべてを事業者の自由にすることはできません。

だからといって認可保育園は、まったく個性を出せない保育事業というわけでもありません。

私の認可園でも、認可外保育園で行っている、モンテッソーリ教育、リトミック、英会話などの園独自のプログラムを取り入れています。

STEP6でも述べましたが、**「自分の子どもだったら何をやらせてあげたいか」ということ**に基づいて、妥協せずにコンセプトを決めてください。

そして、その「やりたい」という思いを大事にし、ぜひ、自治体の担当者に、率直にこんなプログラムを導入したい、園でこんなことをやりたいと、その情熱を伝えていただきたいと思います。

もちろん、認可保育園は自治体からの委託事業ですから、**経営者が自由に運営方針を決定できるわけではありませんし、新しい教育プログラムを導入する場合は事前に自治体に確認し、承諾を得なければなりません。**

けれども、それが園児や保護者のためになることであれば、その取り組みを応援してくれる自治体も多くあるのです。

保育園事業で何より大切なこと

保育園事業を営む多くの経営者が、最終的に目指す目標や夢は「認可保育園」の経営でしょう。認可を受託できれば、園児も行政が集めてくれますし、**保育園設置にかかる工事費用は75%、保育料等は全額が補助**されますので、経営的にも非常に安定した事業運営が約束されます。

小規模保育は6人以上19人未満ですが、認可保育園の定員は60人以上のケースもあり規模が大きくなることがあります。園児の数によっては年間売上げが億を超えてきますから、経営としての醍醐味もあります。

ただ、保育園事業は、「はじめに」でもお伝えしましたが、大儲けをしたい方には向いていません。

あくまで、行政からの委託事業であり、社会福祉事業としての位置づけですから、「地域の子どもをどう育てていきたいか」を考えられる方に挑んでいただきたい事業だと思っています。

STEP 7 まとめ

認可系保育園受託のコツ

1 財務状況を健全に
2 公募情報はこまめにチェック
3 行政からの委託事業だということを忘れずに

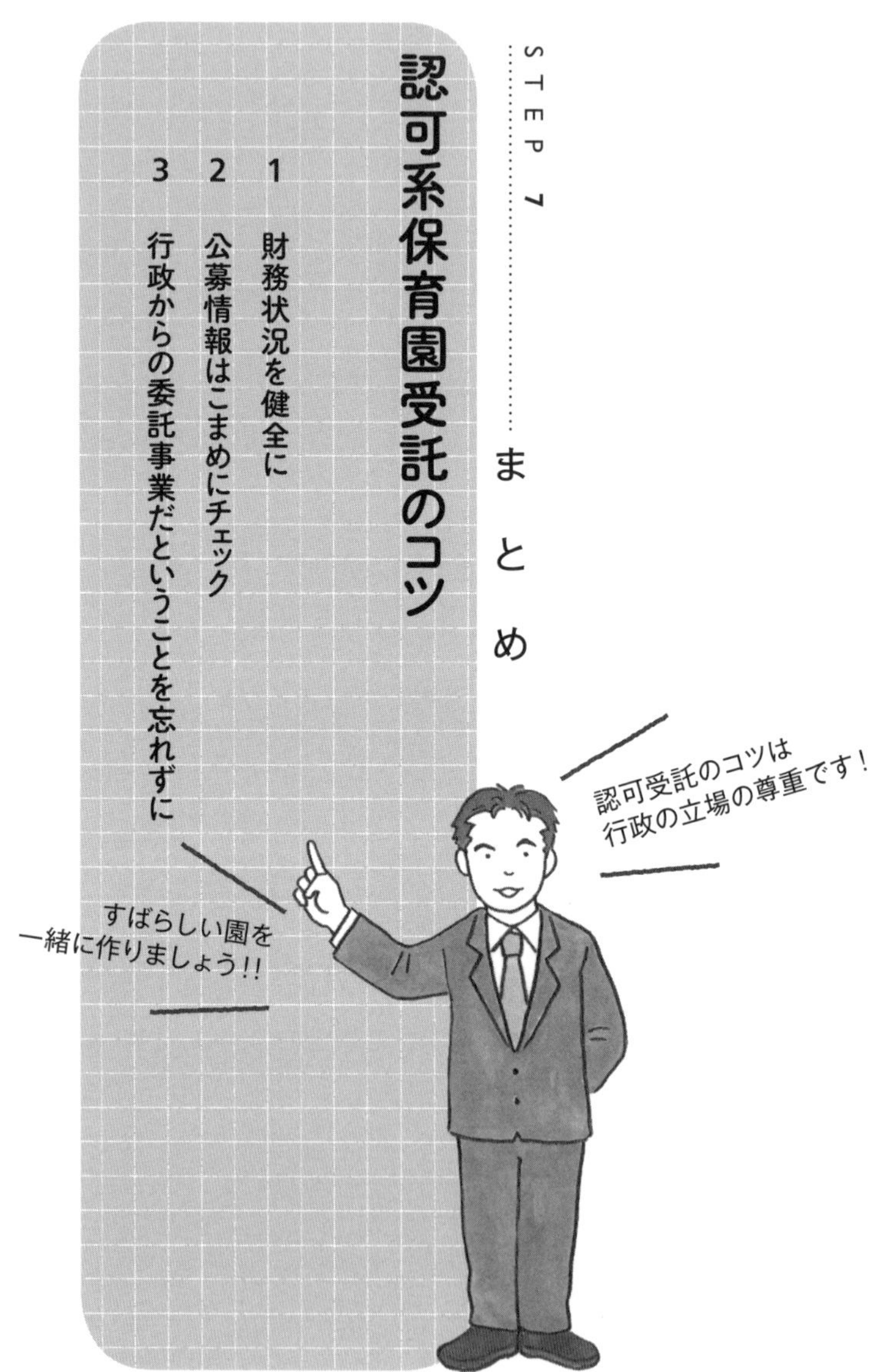

認可受託のコツは
行政の立場の尊重です！
すばらしい園を
一緒に作りましょう!!

STEP

8

災害、感染症等非常時対応体制

安定経営には、感染症や緊急時への対策は極めて重要

保育園の安定経営には、感染症や災害といった緊急時への対策が欠かせません。保育園には園児、保護者、保育者、業者などたくさんの人が集まります。誰かが感染症にかかると瞬く間に広がってしまいます。特に２０２０年には新型コロナウイルスが流行し、感染症対策への意識が高まっています。

保育園の衛生管理

感染症予防はどうすればいいか

子どもはさまざまな感染症にかかる可能性があります。保育園のような集団生活を行う場所では、**感染症を予防する、感染症の拡大を最小限にする、**ということに常に気を使わなくてはなりません。

小規模保育、認可保育園の感染症対策については、厚生労働省が定める「保育所における感染症対策ガイドライン」に従って実施します。たとえば、

「発症している『患者』は大量の病原体を周囲に排出していることが多いので、（中略）症状が軽減して一定の条件を満たすまで登園を控えてもらうことが重要」

「保育所で特に注意すべき主な感染症の感染経路には、飛沫（ひまつ）感染、空気感染（飛沫核感染）、接触感染、経口感染、血液媒介感染、蚊媒介感染があり、それぞれに応じた対策をとることが重要である」

などの方針が記されています。

保育園では普段から、以下の点に注意してください。

*子どもが口に入れるような玩具は使用後、洗浄・消毒を行う
*消毒液の常備
*歯ブラシ、コップ、タオル、ハンカチは子どもたち自身の専用のものを使用する
*保育室は毎日2回以上清掃し、消毒する
*トイレの清掃と消毒
*保育室の換気、採光、通風に気を配る
*ふとんの乾燥

などです。

園児が感染症にかかっていることがわかったら

園では子どもたちは同じ室内で過ごしていますので、1人が感染症にかかってしまえば、すぐに広がってしまいます。感染症にかかっていることがわかった子ども、もしくはその疑いがある子どもについては、かかりつけ医の指示に従うよう、保護者に伝えてください。

感染症の発生時の対応について、東京都福祉保健局が以前まとめたものがありますので、そちらも図8-1として掲載しておきます。

また、保育スタッフも感染症についての正しい知識を持つよう、園でも研修、啓蒙活動を行っていくといいでしょう。

子どもの感染症については図8-2で見てみましょう。特徴的な症状を知っておくことで早めの気づき、対応ができるはずです。

当園でも感染症に関する保育スタッフの啓蒙に努めており、スタッフ同士でも感染症を拡大させないよう徹底した対応、連携をとるように心がけています。

図8-1　感染症発生時の対応

感染症が発生した場合には、嘱託医等へ相談し、関係機関へ報告するとともに、保護者への情報提供を適切に行うことが重要である。

- 嘱託医等へ相談し、関係機関へ報告するとともに、保護者への情報提供を適切に行う。
- 感染拡大を防止するため、手洗いや排泄物・嘔吐物の適切な処理を徹底するとともに、施設内を適切に消毒する。
- 施設長の責任の下、感染症の発生状況を記録する。この際には、入所している子どもに関する事項だけではなく、職員の健康状態についても記録する。

子どもや職員が感染症に罹患していることが判明した際には、嘱託医等へ相談し、感染症法、自治体の条例等に定められた感染症の種類や程度に応じて、市区町村、保健所等に対して速やかに報告します。また、嘱託医、看護師等の指示を受け、保護者に対して、感染症の発症状況、症状、予防方法等を説明します。さらに、施設長の責任の下、子どもや職員の健康状態を把握し、記録するとともに、二次感染予防について保健所等に協力を依頼します。

保育所内での感染拡大防止の観点から、手洗いや排泄物・嘔吐物の適切な処理を徹底するとともに、施設内を適切に消毒することも重要です。

具体的な対応

- 予防接種で予防可能な感染症が発生した場合には、子どもや職員の予防接種歴及び罹患歴を速やかに確認します。
- 未罹患で予防接種を必要回数受けていない子どもについては、嘱託医、看護師等の指示を受けて、保護者に対して適切な予防方法を伝えるとともに、予防接種を受ける時期について、かかりつけ医に相談するよう説明します。
- 麻しんや水痘のように、発生（接触）後速やかに（72時間以内に）予防接種を受けることで発症の予防が期待できる感染症も存在します。このため、これらの感染症に罹患したことがなく、かつ予防接種を受けていない、感受性が高いと予想される子どもについては、かかりつけ医と相談するよう保護者に促します。なお、麻しんや水痘の発生（接触）後72時間以上が経過していても、予防接種が実施されることがあります。また、保健所と連携した感染拡大防止策の一環として、感受性のある者については、本人の感染予防のために登園を控えるようお願いすることがあります。
- 感染拡大防止のため、手洗いや排泄物・嘔吐物の適切な処理を徹底します。また、感染症の発生状況に対応して消毒の頻度を増やすなど、施設内を適切に消毒します。食中毒が発生した場合には、保健所の指示に従い適切に対応します。
- 感染症の発生について、施設長の責任の下、しっかりと記録に留めることが重要です。この際には、①欠席している子どもの人数と欠席理由、②受診状況、診断名、検査結果及び治療内容、③回復し、登園した子どもの健康状態の把握と回復までの期間、④感染症終息までの推移等について、日時別、クラス（年齢）別に記録するようにします。また、入所している子どもに関する事項だけでなく、職員の健康状態についても記録することが求められます。

出典：厚生労働省「保育所における感染症対策ガイドライン（2018年改訂版）」

図8-2 子どもに多くみられる感染症

疾患名	特徴	潜伏期	病原体	主な症状
インフルエンザ	通常、冬に流行し、発生のピークは1月下旬から2月の初め 学童期が最もかかりやすい	18～72時間	インフルエンザウイルス	突然の発熱で始まり、38℃を超える高熱となる、発熱は3日間程度続き、その間、頭痛、筋肉痛、腰痛等を伴う 解熱後も咳が続く
麻しん（はしか）	予防接種の導入により、好発年齢は2歳以下のワクチン未接種者 最近はほとんど流行がなく、散発例が多い	10～17日（最大21日）	麻しんウイルス	発熱と咳、鼻水などの症状で始まり、2～4日続いた後、発疹が耳の後部や首のあたりから始まり全身に広がる 発疹がでると3～5日で熱が下がる
流行性耳下腺炎（おたふくかぜ）	冬から春にかけて流行し、4～5歳に多く見られる 感受性のある人への感染は80～90%である	14～28日（平均16～18日）	ムンプスウイルス	発熱、だるさ、頭痛、耳下腺の腫れが生じ、ものをたべるときにあごに痛みがあると訴えることが多い
風しん（三日ばしか）	春～初夏に多くみられ、学童～思春期に多い 数年ごとに流行、予防接種の普及により、患者数は少ない	14～21日	風しんウイルス	発疹（顔→体→全身）、頸部・耳介後部リンパ節の腫脹 発疹は3日ほどで消失する
水痘（みずぼうそう）	冬～春に多い。10歳未満の発生が多かったが、ワクチン接種開始で減少	10～21日	水痘ー帯状疱疹ウイルス	全身に発疹（毛髪部、口腔内にも）を生じ、発熱も伴う 発疹は水疱となり、痂皮化する（かさぶたのようになる）
咽頭結膜熱（プール熱）	夏に多く、8月がピーク、小児、特に5歳以下に多い 学校（特にプール）などで、ときに集団感染が見られる	5～7日	アデノウイルス	39℃前後の発熱、のどの痛み、結膜炎
腸管出血性大腸菌感染症（O-157など）	6～10月の高温期に多くみられる 集団発生と散発の発生がある	2～5日（最大12日）	腸管出血性大腸菌	下痢（血便に移行することもある）、腹痛、吐き気、嘔吐も見られる 合併症：溶血性尿毒症症候群（患者の10～15%）症状は尿量の減少や血尿、貧血など
流行性角結膜炎	病原体の種類が何種類かあり、ほとんどが夏にピークを示すが、秋～冬にみられる場合もある 全年齢層で発症する	7～14日	アデノウイルス	流涙、目の充血、目やにが主症状、耳前リンパ節腫脹と圧痛を認める 片眼に発症して2、3日後に両眼に発症
A群溶血性連鎖球菌咽頭炎	幼児、学童期に好発する 1年中発生が見られる	2～5日	A群溶血性レンサ球菌	のどの痛み、イチゴ舌、おう吐、小児は発熱、腹痛、食欲不振など
手足口病	夏に多く、7月がピーク、乳幼児期（5歳以下）に好発する	3～5日	コクサッキーウイルス エンテロウイルス	頬の粘膜・手の平・足の裏などに水疱性発疹を形成
伝染性紅斑（りんご病）	小学校で流行することが多い 数年に一度、大流行する	4～15日（最大21日）	ヒトパルボウイルス	左右の頬のびまん性紅斑（りんごほっぺ病）、四肢のレース様の紅斑
ヘルパンギーナ	7月をピークとし、夏に多い 乳幼児期（5歳以下）に好発する	2～4日（最大6日）	コクサッキーウイルス	突然の発熱、咽頭痛、口腔内の小水疱疹
ウイルス性胃腸炎	主に冬季に好発し、時として食中毒的な集団発生をおこす 腸管アデノウイルスによるものは、年間通し散発的にみられる ロタ・腸管アデノウイルスは乳幼児に好発する	半日～3日	ノロウイルス ロタウイルス アデノウイルス など	吐き気、おう吐、下痢が主症状、発熱を伴うことがある ノロウイルスでは半日～2日、ロタウイルスでは5～6日、アデノウイルスでは9～12日程度症状が続く
伝染性軟属腫（水いぼ）	夏に多い	2～6週	伝染性軟属腫ウイルス	中心にくぼみをもつ半球状の皮疹。痒み、痛みはない。いじると広がる
アタマジラミ	学校、保育施設などで集団発生が見られる	卵は1週間でふ化して幼虫になり、1～2週間程度で成虫になる	ヒトジラミ（体長2～4mm）	ヒトジラミが頭髪、とくに耳後部、後頭部に寄生し吸血した部位にかゆみを生じる

出典：東京都感染症マニュアル、感染症予防必携

浦安園のデング熱対策

なかでも、私の経営する「スクルド保育園　浦安園」では、２０１４年にデング熱が流行した際の対応が秀逸だったと浦安市の保育園に通うパパたちのブログで取り上げてもらったことがあります。

デング熱というのは、蚊を媒介にして人に感染していきます。人から人へは感染しないので、蚊に刺されなければ、デング熱になることはありません。蚊に刺されることを１００パーセント防ぐことはできませんが、虫除け対策でデング熱になる可能性を下げることはできます。

14年のデング熱流行時に、当園では、公園に行く際の虫除け対策についてはきっちり行うようにしていました。

浦安市がデング熱の注意を喚起した当日は、さらに万全の対策で午前中の公園遊びに向かいました。当時、浦安園では、以下のようにデング熱対策についてブログに綴っています。

子ども達は…「今日はお散歩?」

「公園、行くの?」と嬉しそう。

朝の会を早めに終えて、公園に出発。

最近は、デング熱が心配で、蚊に刺されてしまうのも怖いですね。

もちろん、対策グッズをたくさん用意しました。


公園に着いて、辺り一面に虫除けのスプレーを撒き、そして蚊取り線香もあちらこちらに置きます。それでもやっぱり、完全にはよけることは出来ず…

遊んでいる子ども達の体に、蚊がどんどん止まります。

先生たちは、今日はずっと子ども達の足や腕に止まる蚊をつぶすことで終わってしまいました。やはりこれからは少し公園での遊びは控えなければならないと思いました。


このブログを見て、浦安市日の出地区の父親たちのネットワーク「HINODE DADZM（ひのでだっずむ）」さんにブログでほめていただきました。

木にも蚊取り線香をぶら下げて対策をしてました！

このようにブログでほめていただくことで、それが「信頼」となるのです。子どもたちのことを思えば、浦安園のスタッフが取った行動は、当然と言えば当然なのですが、このような声をいただくことは大変うれしいことです。

普段のデイリープログラム、安全管理、衛生管理はもちろん子どもたちのこと、保護者のことを思って、日々、保育にあたっていくこと――。そういった**小さな積み重ねが信頼を生むのだと思った出来事でした。**

新型コロナウイルスにはどう向き合えばいいのか

20年は新型コロナウイルスが流行し、緊急事態宣言の発令に伴って認可系保育園でも一部臨時休園となる施設が出るなど未曾有の事態になりました。

緊急事態宣言の解除に伴い、通常の登園になりましたが、保育現場では感染をどう防ぐか緊張感が高まったままです。保育園にはたくさんの人が出入りしますから、現場は常に新型コロナウイルスへの感染リスクにさらされています。

スクルドエンジェル保育園ならびに運営をサポートする本部では、新型コロナウイルスについて2つの対策を行っています。

1つ目は、感染対策の専門家による独自のガイドラインの策定です。対策としてアルコール消毒を行うケースがありますが、自己流でするのはリスクがあります。たとえばドアノブを消毒する場合、一方向に拭き取るのが正しいやり方なのですが、油断すると二方向に拭き取ってしまいます。このやり方だとウイルスをまき散らしてしまうかもしれません。

私を含め、園長や保育士は医療従事者ではないので、感染対策等の策定が可能な病院コンサルティング会社と包括的な契約を締結して、独自のガイドラインを作りました。首都圏にある保育園に医師を招き、1日過ごしてリスクがある箇所を細かな部分まで見てもらいました。

ガイドラインの一部をご紹介します。

①共通事項（例）：換気方法の定義

「必要換気量1人あたり毎時30㎥を満たす場所を前提に、定期的に（毎時2回以上：30分に1回以上数分程度、あるいは1時間に1回10分程度、窓や扉を全開にする。）部屋の空気をすべて外気と入れ替える」

「定期的な換気は2方向以上の窓や扉を開放することで風の流れができるようにする。施設状況によって2方向以上が確保できない、あるいは風の流れができない場合にはサーキュレ

ーターを使用する」

②保育室における対応（例）：

「高頻度接触部位および共用物は定期的に清拭消毒する。また、都度消毒できるように消毒液や消毒ペーパーの設置を行う」

「食事の際には、パーテーションやビニールシートを利用して飛沫感染の防止に努める」

③新型コロナウイルス感染者が職場に発生した際のフロー

STEP4でも「保育園ビジネスはチーム戦」と述べましたが、**新型コロナウイルス対策でも自分たちだけで判断せず、専門家の力を借りる**のは大切です。

2つ目は、PCR検査の提供です。園長や会社が急を要する検査が必要な状況と判断した場合、検査を実施します。20年夏に外部企業と連携し、「新型コロナトータルサポート」をスタートしました。自宅やオフィス、保育園にいながらにして検査を申し込み翌日に、専門業者が検査キットを持ってきてくれます。その場で容器に唾液を入れて、業者へ渡すだけです。24時間以内に結果がメールで送られてきて、無事陰性の場合は医師のサイン入りの陰性証明書も発行されます。

24時間365日対応の相談窓口も用意し、必要に応じてコロナ対応医療機関の紹介もすることができるため、保育士や保護者の安心に繋がります。

また本社スタッフを含む本部、各園には園長や保育士向けに、15分ほどで結果がわかる抗体検査キットを常備しています。

一方、新型コロナウイルスの席巻は、保育園も無関係ではありません。実際、保護者や園児、保育スタッフなどから感染者が発生してきています。保護者が感染し、園児が濃厚接触者となるケースも増えてきています。

実際に、園から感染者が発生した場合、**まず迅速に行政、保健所に連絡をし、今後の保育園運営について指示を受けることが何よりも大切**です。決してあわてることはありません。感染状況や自治体の方針は刻々と変化します。自分の思い込みだけで判断をすることが結果として取り返しのつかないことになる可能性もあります。念頭に置いておきましょう。

弊社の新型コロナウイルス感染対策ガイドライン

緊急時の対応

災害についてですが、近年ではゲリラ豪雨が頻発し、水害を引き起こすケースが多発しています。小規模保育や認可保育園は「開園」が原則ですから、たとえ台風が来ても勝手に閉められません。経営者として、災害リスクにどう向き合うかは極めて重要です。私が行っている緊急時への対応策をご説明します。

緊急時対応で一番大切にすること

小規模保育や認可保育園では、経営者が保育士ではなく現場にいないケースがたくさんあります。だからこそ緊急時の考え方として頭に入れていただきたいのは、園長は前線で働く指揮官、本部は総司令部、経営者は総司令官ということです。つまり、**経営者の役割は、現場で働く園長や保育士が安心して働ける環境を整える**ことなのです。経営者が保育にダイレクトに関わる必要はありません。保育園が健全に回ることをゴールとして、そのための体制を構築することこそが総司令官である経営者に課された最大のミッションです。

平時から指揮命令系統を組み立てておく

では具体的にどのようなことをすべきでしょうか。言うまでもなく、緊急時には対策をゆっくりと考える余裕はありません。ですので、**平時から有事に備える**ことが大切です。

私が勧めるのは、**緊急時の指揮命令系統の確立**です。これは当社のケースですが、各エリアにある保育園の園長を統括する立場の人間としてエリアマネージャーがおり、その下に統括園長を置いています。緊急時には統括園長がエリアマネージャーへ、エリアマネージャーから担当役員に連絡を入れ、指示を仰ぐ形をとっています。しかし担当役員はすべての連絡を受けていると対応しきれませんので、エリアマネージャーが判断できることは任せています。このように、普段から指揮命令系統をしっかりと組み立てておくことで、緊急時に慌てずにすみます。

またもし総司令官である私が倒れて指揮を執れない場合も想定し、その際には誰が私に代わって現場に指示を出すかも決めています。

これを小規模保育や認可保育園の経営者の立場に置き換えると、**平時から園長と連携し、緊急時にどのように連絡をするの**かを決めておくことが大切であることがわかるはずです。こうした点からも、普段から園長とコミュニケーションを取り、良好な関係を構築する必要があるのです。

経営者の仕事は「決める」こと

厳しい言い方ですが、**決めることができない人は経営者には向きません**。繰り返しますが、園長は前線で働く指揮官です。園長が困って相談をしてきているのに、経営者がおろおろしていつまでも決断を下せなかったら園長はどう思うでしょうか。

決断が苦手な人にありがちなのが、正しさにこだわることです。もちろん正しいに越したことはありませんが、何がベストな判断であったかどうかは後にならないとわからないものです。大切なのは、完璧な決断よりも、その時のベストと思える決断をスピーディーにすること。緊急時ですから、1時間前に下した決定を180度変えることもあります。常にベストと思える決断をスピーディーに行い、その結果をすべて受けとめるのが総司令官たる経営者の責任です。

司令部は複数用意する

２０１９年９月に千葉県で大雨が降り、水害が発生しました。その際、当社が袖ヶ浦駅近くのショッピングモールで運営する小規模保育「スクルドエンジェル保育園　袖ケ浦園Ⅰ・Ⅱ」が、トラブルに見舞われてしまったのです。

大雨の影響でショッピングモールが全館停電になったほか、ガスも止まってしまい他の店舗はすべて休業となりました。ライフラインが止まり給食も作れませんし、まだ暑い時期なのにエアコンも動きません。それでも認可系保育園は開園しないといけませんから、どうにかする必要がありました。

現場からの連絡を受けて当社の担当事業部では、大きなバンをレンタルし、都内で水や食料のほか、簡易ガスコンロや冷却材などを購入して現地に届け、急場しのぎではありますが現地の保育スタッフの懸命な努力もあり、なんとか無事に保育園の機能を維持することができました。

この出来事から私が学んだのが、**どこかのエリアの司令部が天災で麻痺した場合、他のどのエリアの司令部がバックアップに入るのかを決めておく**ことでした。首都直下型地震は、「今後30年で発生確率70％」と言われています。非常時にも冷静に対応するためにマニュアルを用意するほか、どういう初動をすべきかしっかりと決めておくことにしました。

これは理想ですが、今後は各拠点に衛星電話を完備させることを考えています。11年の東日本大震災発生時には、携帯電話がまったく繋がらなくなり、非常に困りました。これは今後起こりえる首都直下型や南海トラフ地震の備えにもなります。衛星電話であれば、携帯電話のように通話が全然できないといった事態は起こりませんので、指揮命令系統を維持することができると思っています。

また司令部を決められたとしても、肝心の物資を必要なところへ届けられなければ意味がありません。外国の軍隊では、「緊急支援時に一番大切なのが、必要としている物資を必要としている地域に、どう届けるか」が重要だというのです。

実際、世界で起こる大規模災害に国連が対応する場合、救援物資等の支援を担当する責任者は、元軍隊でロジスティクス（補給）を担当していた将校が多いようです。

物資が揃ってもそれを必要な場所に必要な数だけ届けることができなければ意味がありませんので、今後は、司令部の迅速な決定と、必要物資の管理・配送を含めた緊急事態支援網を組み立てていくつもりです。

STEP 8
まとめ
緊急時の対応に、経営者の本質が現れる
1 新型コロナをはじめ感染症対策は万全に行う
2 災害時は経営者不在でも現場が回る体制づくりを
3 経営者の仕事は決断すること
4 緊急事態に備えた指示系統、組織作りを行う
非常時こそ、迅速、
ベストな判断ができるように

STEP 9

これからの保育園事業の展望について

保育園事業が我が国に果たす重要な役割

これから保育園事業を始めようとする方が最も気になるのは、安定した経営が成り立つかではないでしょうか。いくら補助金が入るとはいえ、長期的な視点で考えて継続できる事業であるかは非常に重要です。

日本では少子化が進んでおり、保育園事業が対象とする子どもの数は確実に減っています。そんな中、2020年9月には総理大臣が交代する事態となり、今後に不安を感じる人がいてもおかしくありません。

しかし結論から言えば、保育園事業は収益が十分に見込めると私は思っています。STEP1〜2で述べたことと重複するところがあるかもしれませんが、私がそう思う理由について政治的な背景をふまえて、詳しくお伝えします。

第二次安倍政権が進めた保育施策

20年9月、安倍首相の辞任にともなって、7年8カ月続いた第二次安倍政権が幕を下ろしました。政権では待機児童ゼロを掲げ、後述するようにさまざまな施策を打ち出してきたものの、直近の待機児童数は1万2439人。「ゼロ」の目標は未達成のまま、菅義偉首相に引き継がれることとなりました。

安倍政権下における保育施策の大きな動きは、15年4月に施行の「子ども・子育て支援新制度」（以下、「新制度」）でしょう。

新制度の目的は、「必要とするすべての家庭が利用でき、子どもたちがより豊かに育っていける支援を目指す」こと。保育は市町村の役割であることが明確化され、自治体が地域の実情に沿った保育を行えるようになりました。これによって、保育の受け皿の増加に繋げようとしたわけです。

新制度創設の背景は、待機児童問題と少子化の解消です。とりわけ少子化は、安倍元首相が「国難」と発言したほど深刻です。

女性が生涯に産む子どもの数を表す合計特殊出生率は、05年に**最低値である1・26を記録**して以来、低迷を続けています。新制度施行後の15年10月に発足した第三次安倍内閣は「**希望出生率1・8の実現**」を掲げ、少子化をなんとか食い止めようとする意思を示しました。しかし**最後に1・8を越えたのは1984年**と30年以上も前であり、実現には高いハードルがあります。

保育を利用できる条件は広がり、受け皿の整備がますます必要に

保育園を利用するためには、就労や介護など、保護者がお子さんを保育できない理由が必要であることは先にお話しました。これを「保育に欠ける」と呼びます。「保育に欠ける」とは、「家庭での養育能力が欠けている」という意味を持つ行政用語です。

新制度施行の前年である14年度までは、保育に欠ける条件は「就労」「妊娠と出産」「保護者の疾病、負傷、精神や身体の障害」「同居親族の介護、看護」「災害復旧」の5つの項目に限られていました。しかし新制度施行後は先の5つに加え、「求職活動」「就学」「虐待やDVのおそれ」なども追加され、保育を受けられる人の間口が広がりました。それだけ、保育園を利用できる人が増えたのです。

新制度では、これまで認可外の扱いだった小規模保育を認可の扱いとしました。規模が大きく、新規開設まで数年を要することもある認可保育園よりも、条件を満たせば既存の建物を利用できる小規模保育は、スピーディーに保育の受け皿を用意できる点で保護者にとってメリットがあります。

また待機児童の約8～9割は0～2歳ですから、その年齢の子どもの保育に特化した小規模保育は待機児童解消の切り札として強い期待が寄せられました。自治体の認可を受けられるようになったことで保育料等や施設設備費といった補助金が出るようになったわけですから、事業者にとっては経営面での安定に繋がったのです。

7年で約55万人分の保育の受け皿を増強

あらためてここで、第二次安倍政権が進めた待機児童対策をおさらいします。保育園事業の展望を考えるうえで必要だからです。政府は、「待機児童解消加速化プラン」と「子育て安心プラン」という2つの施策を推進してきました。

「待機児童解消加速化プラン」は、13年度から17年度末までの5年間で約50万人分の保育受け皿を確保することを目的とした取り組みです。同プランは13年度から14年度までの「緊急集中取組期間」と、15年度から17年度までの「取組加速期間」の2つの期間に分けられました。緊急集中取組期間は、緊急プロジェクトとして国は加速化プランに取り組む自治体に、「賃貸方式や国有地も活用した保育所整備」や「小規模保育事業など新制度の先取り」といった5つの支援パッケージを用意しました。

「待機児童加速化プラン」施行中の16年、政府は「ニッポン一億総活躍プラン」の一環として、「子育て安心プラン」を策定しました。「2018〜2020年度までの3年で待機児童解消を図り、女性の就業率8割に対応するため、20年度末までに約32万人分の保育の受け皿を確保する」ことを目的とした、新たなプランです。

「子育て安心プラン」では、「保育の受け皿の拡大」や「保育の受け皿拡大を支える「保育人材確保」」、「持続可能な保育制度の確立」など6つの支援パッケージを用意。保育環境の整備に力を入れるとしました。

20年9月に厚労省が発表した「子育て安心プラン」の途中経過を見てみましょう。それによると、19年度までに約20万人の保育の受け皿を増設しています。13年4月時点で約240・9万人だった保育の受け皿は、20年4月時点では313・5万人と、約72万6000人分の受け皿が追加で用意されたのです。

政府の保育施策により、子どもの預け先は確実に増えたことがわかりますね。しかし保育園の整備が進むほど、「じゃあ私も子どもを預けよう」という保育の潜在需要も掘り起こしてしまいます。需要に供給が追いつかず、「待機児童ゼロ」には至りません。

この「子育て安心プラン」は、21年3月で終了します。残りの期間は菅政権に引き継がれますが、その先にはどのような保育施策が行われるのかは気になるところです。

3歳以上児の保育料を無償化

安倍政権が行った子育て施策には、2019年10月スタートの「幼児教育・保育の無償化」（通称、幼保無償化）もあります。

同じタイミングで実施した消費増税で得られる税収から年間約7700億円を投入し、3歳以上の保育園、幼稚園、認定こども園などに通う3〜5歳児の保育料を原則無料にするというものです。施策の名称が「無償化」ですが、無償になるのは保育料のみなので、給食費や行事にかかる費用は保護者が負担することには注意が必要です。

幼保無償化の目的は「**子育て世帯を応援し、社会保障を全世代型へ抜本的に変える**」こと。利用する保育施設によって無償化の金額が変わります。

＊認可保育園、幼稚園、認定子ども園など：利用料は全額無償化されます。

ただし幼稚園で無償化されるのは、子ども・子育て支援新制度の対象となる園のみ。それ以外の幼稚園は、月額25,700円を上限として無償化されます。

認定子ども園とは、教育と保育を一体で行う施設のこと。幼稚園と保育園を合わせたものとイメージするとわかりやすいですね。教育（幼稚園利用）と保育（保育園利用）の園児が混ざっています。

＊幼稚園の預かり保育：保育の必要性が認められた場合、月額11,300円まで無償化されます。

＊認可外保育施設：月額で合計37,000円を上限に無償化されます。認可外保育施設には認可外保育園のほか、企業主導型保育園（企業主導型保育事業）、ファミリー・サポート・センター、ベビーホテル、ベビーシッターなども含まれます。

保育園を整備して預け先を増やし、さらに無償化によって保育にかかる費用負担を軽減することで親の就労機会をつくる狙いがあります。幼保無償化は、「女性の就業率8割」の目標達成を支える施策なのです。

本書のテーマである小規模保育は0～2歳児が対象なので、幼保無償化の大きな影響は受けないように見えます。ただ0～2歳児であっても住民税非課税世帯の保育料は無償となるため、小規模保育に預けたいと思う親御さんが増えて需要が高まる可能性はあります。認可保育園は保育料が無償となるわけですから、預けたいと思う親御さんが増えて需要が高まることは間違いありません。

保育園事業のこれから

２０２０年12月上旬現在、「子育て安心プラン」に続く保育施策についての詳しい情報は発表されていません。

しかし菅首相は自民党総裁選時から子育てをしやすい環境整備を強調していました。首相就任後、20年10月26日に行われた所信演説では、待機児童対策に引き続き力を入れることを明言しました。

「我が国の未来を担うのは子どもたちであります。長年の課題である少子化対策に真正面から取り組み、大きく前に進めてまいります。政権交代以来、72万人の保育の受け皿を整備し、今年の待機児童は、調査開始以来、最少の1万2000人となりました。待機児童の解消を目指し、女性の就業率の上昇を踏まえた受け皿整備、幼稚園やベビーシッターを含めた地域の子育て資源の活用を検討し、年末までにポスト『子育て安心プラン』を取りまとめます。男性の育児参加を進めるため、今年度から男性国家公務員には1カ月以上の育休取得を求め

ております が、民間企業でも男性の育児休業を促進します」（菅首相の所信演説、原文ママ）

また菅首相は所信演説で女性の雇用について、「新型コロナウイルスにより、特に女性の雇用が厳しい状況にさらされていますが、こうした中にあっても、これまで進めてきた女性活躍の勢いを止めてはなりません」とも発言しています。

少子化で子どもの数が減少する中でも政府が保育園の整備に注力する背景には、女性の就業率を上げたい狙いがあります。少子化は将来の労働力の減少に繋がりますから、国力の維持のため国としては何らかの手を打たなければなりません。女性は出産後に子育てのため離職するケースが多く、政府は保育園を整備して子どもの預け先を確保したうえで、労働力として子育て世代の女性に期待しているわけです。

保育園事業は国が進める少子化対策の実現に欠かせない事業であり、コラム1でもご紹介したように新型コロナウイルスの影響で「社会的に重要なインフラである」という意識が社会に広がりつつあります。

このように**待機児童解消、少子化対策、女性活躍において保育園が果たす役割は非常に大きい**ものです。もちろん将来的には子どもの数は減るので、これまでのようなペースで保育園の整備は進まなくなるのは間違いありません。保育園として使っていた施設を別の用途で利用できないかを考える必要もあるでしょう。しかしそれは今すぐの話ではありません。

本書を通してお伝えしてきたように、小規模保育であれば、保育園事業の未経験者でも開設できる可能性があります。まずは小規模保育を1つでいいので開き、オーナーとして保育園事業に関わってもらいたいと思います。

STEP 9 まとめ

今後も、保育園事業は収益が見込める

1 保育を利用できる条件が拡大した
2 国の保育施策は確実に整備されている
3 待機児童解消、少子化対策、女性活躍において保育園の役割は大きい

経営者として
未来を見越して
国の施策を注視して
いきましょう

STEP
10

認可系保育園オーナー体験談

異業種から保育園3園のオーナーへ

STEP10では、実際に保育園のオーナーをされている方のお話を紹介します。体験を共有してくださるのは、川崎市で小規模保育のオーナーを務めている垣本輪(りん)さん。2021年4月からは新たに神奈川県で小規模保育を1園、千葉県で認可保育園を1園開設し、合わせて3園の経営をすることが決まっています。

私の目から見ても垣本さんは非常に優秀なオーナーさんですが、以前はまったく違う業界で働かれていて、保育園経営は未経験でした。そんな垣本さんに保育園経営を目指したきっかけや、経営の工夫、今後のビジョンなどを語ってもらいました。

子どもを考えたことで、待機児童問題が身近に。自分にも社会貢献ができると思った

垣本輪と申します。私はスクルドエンジェル保育園　梶ヶ谷園のオーナーを13年10月から

務めています。若林さんからご紹介いただいたように、21年4月からは新たに2園をオープンし、3園を統括する立場となります。

本題に入る前に、私のバックグラウンドを簡潔にご説明します。東京都でシステムエンジニアとして働いた後、中小企業診断士の資格を取得。コンサルタントとして経営革新、ものづくり補助金、企業再生に関する計画を作成していました。その後、結婚の予定ができて、地方から東京に住むことが決まったタイミングで、起業しようと考え保育園経営に挑戦しました。

異業種出身の私が保育園のオーナーになりたいと思った理由は、結婚後に子どもを考えたことが大きいです。親の立場になって世の中を眺めてみると、待機児童問題がいかに深刻かを痛感しました。保育園は保護者の育児と家庭の両立を応援する施設ですし、自分が保育園経営をすることで社会貢献にも繋がるとの気持ちもありました。

とはいえ、私には保育園経営の知識はありません。そのため、保育園の運営に精通したプロから教わりながらオーナーを務めたいと思い、最初からフランチャイズを目指すことにしました。

オーナー最初の仕事は、保育士の要望をヒアリングすること

スクルドアンドカンパニーFC本部さんのサポートを受けながら保育園経営を学び、13年10月に、当時は認可外保育園だったスクルドエンジェル保育園 梶ヶ谷園のオーナーに就任しました。新規で開設したわけではなく、前任のオーナーさんから引き継ぐ形でした。園児は0歳～5歳児まで10人いました。

オーナーとして私が最初に行ったのが、保育士とのコミュニケーションでした。保育士に困りごとや要望を聞いたところ、前任のオーナーさんはあまり現場に足を運ばない方で、必要な備品が用意されない状態であることがわかりました。保育の質を高めるには、保育士の働きやすい環境を整えることが重要です。そのため私は、労働環境の改善から取り組んだのです。

本書の中で若林さんも書かれていますが、オーナーと保育士との間に微妙な空気があると、園の雰囲気は途端に悪化します。オーナーとして、保育士との信頼関係構築は非常に重要な仕事だと私は思っていました。保育園から歩いて10分ほどの場所に家族で引っ越し、毎日現場に通いました。

ここで私が心がけたことは、「自分は保育のことに口を出さない」こと。保育についての

方針や現場のことは保育士に任せ、労働環境の整備に注力しました。私が保育に関わったことといえば、公園で園児と一緒に遊ぶくらいでした。

当時は認可外だったこともあり、経営は楽ではありませんでしたね。また採用においても、特に有資格者の確保には苦労しました。経営で転機を迎えたのは、15年に川崎市の認定保育園の許可が下りたことです。川崎認定保育園は、川崎市が独自に設けた基準を満たした保育園ですが、認可保育園のように自治体から運営や設置にかかる補助金が出ます。その分経営は安定するようになりましたし、園児集めは、園の紹介資料を区役所に置いてくれるようになったので、業務の負担も減りました。

保育士の働きやすさは、保育の質に直結する

繰り返しになりますが、保育の質と保育士の働きやすさは密接な関係にあるので、労働環境をいかに良くするかについてはいつも考えてきました。働く環境を整えるにあたり、私が行ってきた事例をいくつかご紹介します。

シフトを組むときは、プライベートとの両立しやすさに重きを置きました。たとえば正社員であれば変形労働時間制を採用しています。変形労働時間制とは、労働時間を月や年単位

で調整し、忙しい時期で労働時間が増えたとしても、時間外労働の扱いをしなくてもよい、という働き方です。1カ月の変形労働時間制の場合、1週間当たりの労働時間が法定労働時間を超えなければ、特定の日や週に法定労働時間を超えて働いてもよいことが認められています。たとえば、私の保育園の場合、月160時間労働で、1日10時間勤務（1時間休憩の実働9時間）だと月18日出勤となります。1年間の出勤日が216日（18日×12か月＝216日）ですので、年間休日は149日。これとは別に有給休暇や研修用休暇も設け、保育士のみなさんが働きやすい環境を調えています。

最近では、システムを導入し、事務作業の負担を軽くしました。シフト組には専用のソフトを使って簡単にできるようにしましたし、紙の連絡帳を廃止してアプリを導入しました。紙の連絡帳や手書きには良さがあることは理解していますが、園児の昼寝中に記入することが多く、保育士が保育以外の業務に時間を割くことになります。また欠席や遅刻、お迎え時間の変更の連絡もアプリ経由で行えるようにすることで、電話応対そのものをなくしました。業務を効率化することもオーナーの大切な仕事のひとつだと私は思っています。こうした施策から、複数の保育園で勤務経験がある保育士は、「とても働きやすい」と喜んでくれています。

キャリアアップや収入アップをサポート

保育士への教育やキャリアアップへの支援も重要です。保育士への教育制度には、厚生労働省が17年にガイドラインを策定した「保育士等キャリアアップ研修」があります。この制度では、「乳児保育」や「食育・アレルギー対応」のほか、「マネジメント」といった8つの分野があり、1つの分野当たりの研修時間は15時間以上（3〜6日にわたる）で、各分野の受講後に修了証が発行されます。修了した研修内容によって、職務分野別リーダー、専門リーダー、副主任保育士という3つのリーダーを務めることができます。リーダーにキャリアアップすることで、処遇改善による加算を受けることができ、収入が上がります。

たとえば、保育士経験が7年以上あり、4分野以上とマネジメント研修を修了した「副主任保育士」になるとひと月当たり4000円が収入にプラスされます。

一般的に保育士はキャリアアップ研修を受講するために有給休暇を消化しますが、私は自園の保育士に対して研修参加用の有給休暇を用意しました。これによって保育士は自身の有給でプライベートを楽しみながら、研修用の有給でキャリアアップに向けた勉強ができます。

1つの保育園で働き続けることを考えると、その園でのキャリアアップには限度があります。ですが今後私が3園のオーナーになるので、小規模保育で経験を積んだ保育士を認可保育園で特定のポストに就いてもらう、という働き方をしてもらうことができます。

オムツは保育園でまとめて用意。保護者目線の施策を行う

保育園経営では、保護者目線を持つことは非常に大切です。タオルや食事エプロン、着替え、シーツは保護者に持ってきていただきますが、オムツは保育園で用意して園で名前を書いています。オムツは定額で購入できる定期便を利用すれば、コストを抑えられます。

そのほか登園時の保護者の負担を減らす工夫もしています。通常、保護者は園児と一緒に保育フロアに入り、着替えやタオルなどを指定の場所にセットして出かけられます。しかし私が経営する保育園では玄関でお子さんをお預かりした際に保育士が荷物を受け取り、保育士がセットするようにしています。これはコロナ禍においては、感染防止対策につながっています。

安定した黒字経営のため、補助金の情報をチェックする

オーナーとしてスタッフの労働環境整備、保護者へのサービスを行うのと同じくらい重要なのが、安定した経営を維持することです。認可保育園や小規模保育は補助金が入りますが、定員が決まっているので得られる収入には上限があります。では、より経営を安定させるためにはどうすればいいかというと、全企業に向けられた国や自治体の補助金を使うことです。特に20年は新型コロナウイルスの影響で補助金の拡充や補助率の増加等の措置がとられています。国や自治体のホームページをチェックして、活用できる補助金がないかを調べ、申請することを心がけましょう。

異業種の経験が、活きることがある

最後に、今後保育園オーナーを目指す人に私からエールをお送りしたいと思います。成長著しい小さいお子さんを預かり、お子さんの成長をサポートできることはとても大きなやりがいを感じさせてくれます。

コラム1にもあるように、新型コロナウイルスをきっかけに保育園が社会的に重要なインフラであるとの意識が高まっています。仕事と育児の両立に保育園が果たす役割は非常に大きいのです。

経営者の観点でお話しすると、認可系保育園の経営は、前提となる認可の取得のハードルが高い分、ライバルが少ない印象を受けます。認可を取得することは簡単ではありませんが、オープンしてしまうと想像していたほどハードではないと私は感じます。

読者の中には、「自分には保育園の経営に関する知識がない」「異業種だから」と不安に思う方がいらっしゃるかもしれません。しかし、異業種の経験が強みになることがあります。たとえば、システム導入や業務効率化は、私が元経営コンサルタントであり、中小企業の仕事が効率的に回るためのアドバイスを行ってきた経験が活きています。特定の業界にずっと身を置いていると、その業界の当たり前が染みついてしまい、「もっとこうすればよいのでは？」との疑問がわきにくくなってしまうことがあります。「よそ者の視点」が必要な時があるわけです。

保育園経営経験がなかったとしても、フランチャイズに加盟し、本部よりサポートを受けることでオーナーになる手があります。私の周りからは「ロイヤリティがもったいないのでは？」と疑問を投げかけられることがありますが、果たしてそうでしょうか。今の自分に知識が足りないなら、それを補ってくれる人、サポートしてくれる人を傍に置き、安定した経営をゴールにすると考えることも大切だと私は思います。

私にとって保育園経営の成功は、「子どもたちの笑顔と、一緒に子どもたちを見守る保護者や従業員の笑顔」です。そのためには「安定的な黒字」が必須です。目標を達成しやすい

方法を選び、経験を積んでいただきたいと思います。

Profile

プロフィール

垣本輪（かきもとりん）

株式会社メーティス・リル　代表取締役。システムエンジニア、コンサルタントを経て2013年10月にスクルドエンジェル保育園フランチャイズに加盟し保育園事業を開始。認可外保育園からスタートし、認定保育園、小規模保育へ移行。2021年4月から3園の保育園運営。ソフトウェア開発技術者、中小企業診断士、保育士資格を取得。

おわりに

保育園経営をするからには認可を目指して！

ここまで、認可系保育園を運営するまでのノウハウについてお話ししてきました。いかがでしたか？　ご自身が保育園を経営されるイメージはつかめましたか――。

繰り返しになりますが、小規模保育の制度が始まって以降、保育園業界に参入するチャンスは続いています。待機児童問題解消のためにスタートした制度ですから、制度整備によりこの問題がある程度解消されるであろう2025年頃までが、最後のチャンスだと思われます。

また、保育園経営を行うからには、ぜひ、認可保育園の受託、運営を目指してもらいたいと思います。私は今、認可保育園を経営するようになって、ますますやりがいを感じ、毎日が充実しています。

認可外、小規模保育では、主に0～3歳未満までのお子さんを預かってきましたが、認可保育園では、就学前までのお子さんの成長を6年間、つまり、保育を必要としている全年齢で、継続して見ることができるのです。

自分が取り入れた保育プログラムで園児が成長し、保護者の喜ぶ顔が見られること、また、保育園を通じて地域と繋がり、地域の活性化に貢献できているという実感には、何にも代えがたい喜びがあります。

また、経営面でも認可保育園を運営するようになり、事業基盤が安定し、大きなメリットを受けていることは、本書で何度も述べたとおりです。

本書を認可系保育園経営を目指す方の羅針盤に！

私は、保育園の開園コンサルタントとして多くの認可系保育園の経営者と話をしてきました。そういった経験や自身の経験からも、認可園の開設を目指すことがどれだけむずかしく、ハードルの高いことであるかは、誰よりもわかっているつもりです。

また、事業をおこすということは、当たり前ですが相応のリスクもありますし、誰もその成功を保証できるものではありません。

それでも、最後のチャンスを生かし、保育園業界に参入するならば、保育園の頂点である認可を目指すべきです。それができるかどうかは、あなた自身が実際に行動に移せるかどうかにかかっています。

羅針盤を持たずに航海に出れば、目的地に到達することができないだけではなく、やってきた嵐に吹き飛ばされて船が転覆してしまうかもしれません。けれども、たとえ嵐がやってきたとしても、船の立て直し方さえわかっていれば、数々の困難を乗り越え、目的地にたどり着くことができるはずです。

私は、**認可系保育園経営を目指す方の羅針盤になることを目指して本書を執筆しました。**

本書によって多くの認可系保育園経営者が生まれ、幸せな保育園時代を送れる園児が1人でも多く増えることを願っています。

子どもの育成は、日本の将来への投資です。

1人でも多くの方が保育園事業に参画することで、日本の未来が明るくなることを願って止みません。

2020年12月

若林　雅樹

■著者紹介

若林雅樹（わかばやしまさき）

1967年生まれ。スクルド ホールディングス株式会社代表取締役社長。現在、スクルドグループ法人にて「認可保育園」「小規模認可保育園」を全国で80園以上運営しつつ、「病院内・企業所内保育所の開設・受託運営」「保育園フランチャイズの展開」等、保育に関する総合的な事業展開に取り組む。大学卒業後、日系メーカーに入社。同社にてカナダ・バンクーバーに駐在。97年同社退職後、外資系人材コンサルティング会社等を経て独立。現在は「子どもの才能に翼を与え自主独立の精神を持った子どもを育て、世の中に送り出すこと」を人生のミッションに全国を駆け回っている。

スクルド ホールディングス株式会社
URL：ホールディングス
https://skuld-hd.co.jp/
スクルドアンドカンパニー（直営認可等）
https://www.skuld.co.jp/
スクルドキッズ（FC）
https://skuld-fc.jp/

ブックデザイン／新井大輔
カバー、本文イラスト／藤原ヒロコ

ゼロからわかる　認可系保育園をつくって成功する方法

2021年1月30日　初　版　第1刷発行

著　　者	若　林　雅　樹
発 行 者	多　田　敏　男
発 行 所	TAC株式会社　出版事業部（TAC出版）
	〒101-8383 東京都千代田区神田三崎町3-2-18 電話 03(5276)9492(営業) FAX 03(5276)9674 https://shuppan.tac-school.co.jp/
組　　版	株式会社　三　協　美　術
印　　刷	今家印刷株式会社
製　　本	東京美術紙工協業組合

ISBN 978-4-8132-9535-8
N.D.C.374